AF728510

LES SOURCES

DE

LA PAIX INTELLECTUELLE

8°R
20562

DU MÊME AUTEUR

La Philosophie de Malebranche. 2 vol. in-8°, br. 16 fr.
(Collection Ladrange, 1870). Paris, Félix Alcan.
Ouvrage couronné par l'Académie des sciences morales et politiques et par l'Académie française.

De la Certitude morale. 1 vol. in-8°, br. . . . . . 6 fr.
Paris, 1880, Belin frères. 5e édition, 1905.
Ouvrage couronné par l'Académie française.

Essai sur la morale d'Aristote. 1 vol. in-8°, br. . 6 fr.
Paris, 1881, Belin frères.
Ouvrage couronné par l'Académie des sciences morales et politiques.

La Philosophie et le Temps présent. 1 vol. in-18 jésus, br. . . . . 3 fr. 50 c.
Paris, 1890, Belin frères. 4e édition, 1903.

Le Prix de la Vie. 1 vol. in-18 jésus, br. . . . 4 fr.
Paris, 1894, Belin frères. 14e édition, 1906.

De la Virilité intellectuelle. 1 vol. in-18 jésus, br. 60 c.
Paris, 1896, Belin frères. 2e édition, 1902.

Etienne Vacherot (1809-1897). 1 vol. in-18 jésus, br. . . . . 1 fr. 50 c.
Paris, 1898, Perrin et Cie. 2e édition, 1898.

Théodore Jouffroy. 1 vol. in-18 jésus, br. . 3 fr. 50 c.
Paris, 1899, Perrin et Cie.

La Vitalité Chrétienne. Introduction par Georges Goyau. 1 vol. in-18 jésus, br. . . . . 3 fr. 50 c.
Paris, 1901, Perrin et Cie. 6e édition, 1904.

La Raison et le Rationalisme. Préface de M. Victor Delbos. 1 vol. in-18 jésus, br. . . . . 3 fr. 50 c.
Paris, 1906, Perrin et Cie.

LES SOURCES

DE

LA PAIX INTELLECTUELLE

PAR

Léon OLLÉ-LAPRUNE

MEMBRE DE L'INSTITUT

MAÎTRE DE CONFÉRENCES A L'ÉCOLE NORMALE SUPÉRIEURE

CINQUIÈME ÉDITION

PARIS

BELIN FRÈRES, LIBRAIRES-ÉDITEURS

RUE DE VAUGIRARD, 52

1906

DÉPOT LÉGAL Seine & Oise N°

AVANT-PROPOS

Je rassemble ici des idées que j'avais depuis longtemps : j'y ai été décidé par mes réflexions sur le « Devoir présent », de M. Paul Desjardins.

Les pages généreuses du jeune écrivain m'ont fait relire, pour la vingtième fois au moins, un petit ouvrage déjà ancien, *les Sources, Conseils pour la conduite de la volonté*, publiées par le P. Gratry, en 1869. J'ai relu aussi un autre petit ouvrage du même auteur, très peu connu, très digne de l'être, composé en 1848, réimprimé en 1871, sous ce titre : *Sources de la régénération sociale*. Puis, je suis revenu à d'anciens écrits de M. Ernest Naville, *la Vie éternelle* (4e éd., 1864), *le Christ* (1878), et à son dernier livre, *le Libre arbitre* (1890).

Et, pendant que je refaisais ces lectures en méditant, paraissaient, dans la *Revue des Deux-Mondes*, les articles si remarquables, si beaux de M. Anatole Leroy-Beaulieu, sur la *Papauté*, le *Socialisme* et la *Démocratie*.

Alors, devant tout ce mouvement moral et religieux où le vicomte de Vogüé, M. Charles Secrétan[1], M. Edouard Rod[2] ont une part à la fois si grande et si diverse, où tant d'autres se mêlent en des mesures différentes[3], je me suis arrêté, non pour l'étudier comme l'a fait, par exemple, d'une manière fort heureuse, l'abbé Félix Klein[4], mais pour en méditer moi-même le sens et la portée; et je viens dire tout sim-

1. Surtout dans *la Civilisation et la Croyance*, Paris, Alcan, 1887; 2e édit., 1892.

2. *Le Sens de la vie*, et en 1891, *les Idées morales du temps présent*, chez Perrin.

3. Voy. notamment Pierre Lasserre, *la Crise chrétienne*, Paris, Perrin, 1891, et le comte Guy de Brémond d'Ars, *la Vertu morale et sociale du christianisme*, Paris, Perrin, 1890.

4. *Le Mouvement néo-chrétien dans la littérature contemporaine*, article du *Correspondant*, 10 février 1892, puis brochure chez Perrin.

plement ce que je pense du mal qu'il s'agit de guérir, du remède proposé.

En 1884, dans mon cours à l'École normale, en 1890, dans un livre, je faisais de la « division des esprits » l'objet de réflexions sérieuses. Je cherchais comment on pourrait établir en philosophie des « propositions propres à rallier tous les esprits et toutes les âmes ». Je parlais de « paix » à substituer à l'universelle « anarchie », et d'efforts à tenter pour « refaire les esprits et les âmes[1] ». Ce sujet a été repris, avec une sincérité pénétrante, par un jeune philosophe, dans un article trop peu remarqué des *Annales de philosophie chrétienne*, de février 1892. Le titre de cet écrit anonyme est expressif : *l'Unité intellectuelle et morale de la France*[2]. C'est surtout en ce qui concerne l'éducation que la question y est traitée. L'opuscule est à lire. Voici que je reviens à mon tour parler de la paix intellectuelle. Il me semble que j'ai quelque chose à dire : je le dis.

1. *La Philosophie et le temps présent*, les derniers chapitres.
2. L'opuscule a paru en brochure chez Roger et Chernoviz.

Où sont les sources de la paix des esprits? C'est là ce que je cherche à ma manière, en toute simplicité. Je crois pouvoir intituler ces réflexions et ces conseils : *les Sources de la paix intellectuelle*[1].

20 avril 1892.

1. Ce livre avec sa préface était écrit à cette date du 20 avril. La publication en volume a été retardée pour laisser au *Correspondant* le temps de le publier : il y a paru (sans la préface) dans les livraisons du 10 et du 25 juin. — Depuis que le présent opuscule est écrit, les articles de M. Anatole Leroy-Beaulieu, dont je parle plus haut, sont devenus un livre : *la Papauté, le Socialisme et la Démocratie*, ouvrage suivi de l'*Encyclique pontificale sur la condition des ouvriers*, Paris, Calmann Lévy.

LES SOURCES

DE

LA PAIX INTELLECTUELLE

L'anarchie intellectuelle et morale est visible, et beaucoup d'esprits et d'âmes en souffrent.

Les notions communes au plus grand nombre des esprits, sinon à tous, diminuent. Même lorsque l'on se sert des mêmes mots, on n'y attache pas le même sens. Le nombre des sujets d'entretien interdits à qui ne veut pas qu'une conversation se change en dispute va sans cesse croissant. Et ce sont les plus hauts objets de la pensée sur lesquels il y a ainsi désaccord. Ce sont aussi les plus élémentaires.

Dieu, l'âme, la vie future : sur ces grands objets, la philosophie d'aujourd'hui est toute en doutes et en questions ; et si l'on ne philosophe point, l'incertitude est la même : l'atmosphère intellectuelle est partout troublée. Plus nous allons, plus sont rares ceux qui, en dehors du christianisme, ou plus proprement en dehors de l'Église catholique, ont, sur ces objets, des convictions fermes et nettes.

Les notions élémentaires ne sont pas plus propres aujourd'hui à réunir les esprits dans de communes affirmations. Les mots de *connaissance*, par exemple, de *savoir*, de *raison*, de *foi*, sont pris en des acceptions particulières qui multiplient les malentendus; et les plus hautes questions se trouvant mêlées aux notions qui semblent les plus humbles, il n'y a point d'étude tranquille, d'étude patiente de ces commencements : ce qui augmente encore la confusion des idées. C'est un désarroi intellectuel manifeste, sauf dans ce qu'on pourrait nommer l'*entre-deux :* tout ce qui est cime, sommet, est couvert de nuages; tout ce qui est racine, fondement, est enfoui en d'obscures profondeurs. Seuls, les résultats de la science sont affirmés d'un commun accord; seuls aussi, certains besoins pratiques sont reconnus par plusieurs, sinon par tous : la science avec sa lumière, la pratique avec ses exigences, voilà cet entre-deux où peut encore subsister l'entente.

D'où viendra la paix?

Il n'y aura de paix pour les esprits que si la plupart des esprits se rencontrent, disons mieux, se réunissent dans des affirmations communes. Penser de même sur certains points essentiels, avoir les mêmes notions élémentaires, admettre les mêmes solutions des questions principales et vitales, voilà la paix intellectuelle.

Et il n'y aura de paix pour les âmes que si la plupart des âmes se rencontrent ou, pour mieux dire, se réunissent dans une volonté commune et dans une commune action. Vouloir de même, sur certains points essentiels, se décider par les mêmes motifs dans l'emploi de la vie, avoir le même idéal comme but et comme règle de ce qu'on fait, voilà la paix morale.

Cette paix souhaitable est-elle possible? Et comment?

Peut-elle se faire par la science? Peut-elle se faire par la pratique?

Dans le premier cas, la paix intellectuelle produirait la paix morale. Dans le second, ce serait le contraire : la paix morale se ferait d'abord, et la paix intellectuelle en serait la suite.

Mais il n'est pas difficile de voir que, si la paix se fait par la science, le premier article ou plutôt l'article unique de cette paix est la suppression de toute solution et même de toute question dépassant l'ordre proprement scientifique.

Il est peut-être plus difficile de voir, mais il n'est pas moins constant que, si la paix se fait par la seule pratique, l'indifférence spéculative persistant, l'accord des volontés obtenu à ce prix implique ou la cessation même de la pensée ou une réelle désunion intellectuelle qui ramènera la désunion des âmes.

Je prends comme établi ici que la science ne suffit pas à tout, qu'elle ne peut pas être l'unique maîtresse de la vie humaine, que l'esprit pose des questions auxquelles elle ne répond pas et que les exigences morales ne reçoivent point d'elle leur légitime satisfaction. J'affirme donc que la paix intellectuelle se faisant par la science serait la mutilation de l'homme, et je considère tout de suite l'autre manière de pacifier les esprits et les âmes.

I

Peut-il y avoir un accord réel, efficace, durable des volontés, sans entente entre les esprits? C'est la première chose à examiner.

Il y a des cas où, manifestement, l'unanimité morale existe, subsiste, persiste, en dépit des divergences d'opinions et même de convictions. On s'unit dans le même vouloir, dans le même effort, dans la même action, quoique l'on pense différemment sur beaucoup de choses. On s'unit dans un mouvement commun et l'on travaille à une œuvre commune, quoique l'on ait sur beaucoup de points, je puis dire sur presque tous les points, des idées dissemblables et même opposées. Cela est incontestable.

La patrie étant envahie par l'étranger, des hommes de tous les partis combattent sous le même drapeau. L'unanimité pratique se produit sans aucun accord préalable des esprits sur toutes les questions qui les divisent. Opinions politiques, vues sociales, systèmes philosophiques, conceptions morales, convictions religieuses, tout cela peut différer, aussi bien que le rang, la condition, la fortune, le mérite propre, et entre des hommes que tout sépare, une merveilleuse union se fait : tous ensemble paraissent n'avoir plus qu'un cœur et qu'une âme ; tous veulent ensemble et font ensemble la même chose : combattre pour sauver leur pays.

On peut encore, en dépit de divisions d'esprit très réelles, s'unir pour protéger un même intérêt et obtenir un même résultat voulu de tous les membres de l'association. Les anciens élèves d'une école mettent en commun des ressources pécuniaires et certains efforts personnels en vue de venir en aide à ceux d'entre eux que les événements pourraient jeter dans la détresse. Cette société, qui implique sur le point qui en est l'objet l'unanimité morale, laisse subsister sur tout le reste les plus complètes dissidences : elle n'a même pas à s'en soucier.

Des hommes convaincus qu'un certain intérêt social est à garantir s'unissent pour assurer cette garantie. C'est une ligue en vue de procurer à tous, par exemple, le bienfait, reconnu nécessaire à tous égards, du repos dominical. Les hommes qui se concertent pour répandre autour d'eux cette idée et pour la réaliser dans les faits, peuvent avoir sur beaucoup de choses les façons de voir les plus différentes; ils peuvent, même en ce qui concerne ce jour de repos, avoir des idées diverses sur les motifs qui le font juger nécessaire : ils s'accordent sur l'utilité sociale, par exemple, et n'en rendent pas raison de même, parce que les choses considérées dans les principes ne leur apparaissent pas de la même manière. Voilà encore l'unanimité morale obtenue malgré la division des esprits.

Peut-on généraliser et dire que la paix se fera par l'unanimité morale, sans qu'il soit besoin d'unir les esprits dans l'adhésion aux mêmes idées? Peut-on dire qu'il suffit de vouloir et de faire les mêmes choses, sans qu'il soit besoin de penser de même?

Remarquons que, dans les exemples cités plus

haut, l'unanimité morale suppose toujours un parfait accord intellectuel. Seulement, dans chacun de ces cas, il suffit que l'accord ait lieu sur un point, parce que c'est le seul qui soit en question. Le reste est omis, parce que le reste n'est pas en cause. La patrie est envahie par l'étranger, voilà ce que tous voient, et tous pensent qu'il faut défendre la patrie. Il y a donc bien une même vue, une même idée, une même pensée, et si tous veulent et agissent de même, tous aussi voient, jugent, pensent de même. Seulement, l'unique point en cause, c'est celui-là : la patrie envahie, la patrie à sauver. Que l'accord sur ce point laisse subsister le désaccord sur le reste, pourquoi s'en étonner ? Ce n'est pas du reste qu'il s'agit.

De même, il y a lieu de secourir d'anciens camarades tombés dans le malheur, et il faut réunir pour cela des souscriptions annuelles ou perpétuelles, qui formeront un trésor où l'on puisera dans telles et telles circonstances. Voilà une pensée nette, un but parfaitement défini, et les moyens de l'atteindre bien déterminés aussi. Les membres de l'association peuvent différer d'opinion en tout le reste : quand ils se réunissent pour traiter de leur objet, ils n'ont pas à s'occuper du reste. Ces différences, si profondes qu'elles soient, peuvent donc être laissées de côté.

De même encore, un jour de repos par semaine est nécessaire, et les traditions nationales fixent ce jour au dimanche. On voit cela. Tous les hommes qui font partie de la ligue pour le repos dominical ont donc une vue commune, une idée commune, une pensée commune, sur un point unique, c'est vrai, mais aussi sur le seul point qui soit ici en cause.

Des exemples que nous venons de donner, il y a donc lieu de conclure, non pas que l'unanimité morale se passe de l'accord intellectuel, mais, au contraire, qu'elle l'implique. Partout où il y a vouloir commun, effort commun, action commune, il y a aussi une pensée commune, et une pensée très précise, très nette, sauver l'intégrité de la patrie, comme nous venons de le voir, ou procurer sur un point déterminé un avantage, soit particulier, soit social. Le but précis qui est considéré et poursuivi ne demandant pas que les autres questions qui divisent les esprits aient reçu une solution avant qu'on se mette à l'œuvre, ces divergences sont négligées, omises. Voilà tout. Je ne nie pas qu'il n'y ait quelque mérite à les omettre en certains cas, qu'il ne faille pour cela quelque clairvoyance ou quelque générosité, que savoir sacrifier des répugnances ou faire taire des préjugés ne soit vertu. Mais je dis que l'unanimité morale ne se passe pas ici d'une certaine entente intellectuelle, que sur un point au moins, et le seul dont il s'agisse, les esprits s'accordent dans une même vue et une même affirmation.

Insistons. Dans la ligue pour le repos dominical, par exemple, nous voyons réunis sur une même liste des noms qui ont des significations bien différentes. Il y a unité d'effort et d'action sans qu'il y ait unité de pensée. Assurément sans qu'il y ait unité de pensée en toutes choses; précisons : sans qu'on soit du même parti politique, sans qu'on ait en philosophie les mêmes idées, sans qu'on appartienne à la même confession religieuse ; mais non pas sans qu'il y ait sur l'unique point ici en cause unité de pensée. C'est trop clair, dira-t-on : comment se liguer si l'on n'a pas la même chose en vue? Sans doute, c'est trop clair, mais précisément j'y insiste pour bien faire voir que l'unanimité morale ne va pas sans accord intellectuel, que les âmes ne s'unissent pas dans un même vouloir sans une entente des esprits dans une même pensée. Dans le cas présent, le principe commun, très net, très précis, c'est la convenance morale et sociale, l'utilité, la nécessité même d'un jour de repos par semaine; ensuite, dans l'application, il y a une autre idée commune : ce sont les raisons décisives, puisées dans l'histoire et dans la tradition nationale, de fixer ce jour au dimanche. C'est tout, mais c'est ici ce qui suffit; et c'est très net, encore une fois, très précis, très ferme.

Chrétien, vous avez des raisons plus hautes à faire valoir : mais, parce que vous possédez une vérité plus complète, cela ne vous empêche pas d'admettre les vérités incomplètes; parce que vous avez cette vue qu'on a du sommet, cela ne vous empêche pas de reconnaître ce que l'on voit à mi-côte, et vous pouvez vous entendre avec ceux qui sont à mi-côte, du moment qu'eux et vous vous voyez très nettement un point certain. Ni ils ne vous demandent de renoncer à ce que vous voyez de plus, ni vous ne leur reprochez de voir moins :

ce n'est pas en cause ici. Vous pouvez donc, eux et vous, travailler ensemble au triomphe de l'idée commune. Je dis bien : de l'idée, car ce n'est pas seulement un sentiment, c'est une idée, quelque chose de net, de précis, que vous voyez de même, une vérité que vous reconnaissez en commun.

L'accord des volontés, des bonnes volontés, est possible par l'accord des esprits au moins sur un point, celui qui est l'objet de ce bon vouloir commun.

Maintenant, la bonne volonté aide à l'accord intellectuel lui-même en dissipant les préjugés, en diminuant les petites passions et, par suite, les obstacles nés de ces passions. Mais, si aucune idée commune ne préexistait à la volonté commune, quelle union serait possible? Aucune.

Et ajoutons que, si l'accord sur le seul point qui est en cause suffit pour que se produise un commun effort, cet effort à son tour serait plus intense sans doute, plus efficace, plus triomphant, si l'accord s'étendait à plus de choses. Les enfants d'une même patrie, unis dans une même pensée sur la plupart des points essentiels, ne se porteraient-ils pas à la défense de leur pays avec un plus puissant élan ? Les anciens élèves d'une même école ne viendraient-ils pas en aide à leurs camarades malheureux avec plus de cordialité et, par suite, de succès, s'ils avaient, outre cette pensée commune, les mêmes idées sur beaucoup de choses ? Enfin, les membres d'une ligue destinée à procurer un avantage social important n'auraient-ils pas une action plus sûre, ne prendraient-ils pas des mesures plus promptes et plus décisives si, d'accord sur ce point unique qui est leur objet, ils l'étaient aussi sur d'autres qui l'avoisinent ? Quoi qu'il en soit, ce qui est incontestable, c'est que tout accord des volontés suppose au moins une idée commune, et nous devons dire que l'unanimité morale sans accord intellectuel est une chimère.

II

L'unanimité morale où l'on cherche le remède au mal dont nous souffrons, ne consiste pas en un commun bon vouloir et en une commune action portant sur un point particulier. C'est à l'anarchie intellectuelle qu'il s'agit de remédier. Pourra-t-on unir les volontés sans unir les esprits autrement que par cette seule pensée et en cette seule pensée qu'il y a quelque chose à faire, et que ce qui est à faire, c'est de vouloir du bien à autrui, et de le vouloir d'une façon effective? Trouvera-t-on là cette commune idée, nette, précise, ferme, sans laquelle aucun accord des volontés n'est possible?

Notons-le bien, c'est dans le domaine moral, dans le domaine pratique qu'est cherché le point de ralliement. Toutes les notions demeurent incertaines, toutes les questions restent sans solution, ou, ce qui revient au même, chacun pense, juge, affirme sur toute chose ce que bon lui semble. La division des esprits est extrême. A personne l'on ne demande le sacrifice d'une opinion, ni d'un doute. Chacun garde ses convictions ou ses négations, ou ses illusions, ou ses hésitations. Aucune vérité spéculative n'est posée comme dominant les esprits. Un seul point est mis au-dessus de tout débat : c'est qu'il faut faire quelque chose de la vie, et ce qu'il y a à faire de la vie, c'est de travailler à diminuer la misère humaine. On ne demande pas de prouver cela, ni de l'expliquer, ni de le réduire en théorie : on le pose comme un fait pratique et comme une vérité pratique. Qui refuse d'accorder cela est homme de mauvaise volonté; qui consent à l'accorder, est homme de bonne volonté. C'est une vue nette, mais toute pratique; une idée précise, mais toute pratique; un jugement ferme, mais tout pratique. Sur le reste, que l'on pense ce que l'on voudra, ou ce que l'on pourra : voilà du moins un point sur lequel on pense de même, et cet accord dans les pensées sur ce point unique, le seul qui importe ici, suffit à produire l'accord des volontés; ou plutôt, c'est déjà un accord des volontés que cet accord dans les pensées. L'unanimité morale est ici parfaite, ce semble, tout à la fois produite par la communauté de pensée et la produisant. N'est-ce pas tout ce qu'il faut demander à un siècle troublé comme le nôtre ? Et n'est-ce pas, au fond, ce qui convient le mieux à l'homme, dont la liberté intellectuelle demeure ainsi entière et à qui la paix est assurée, la paix morale, et par la paix morale, la paix intellectuelle, sans aucune uniformité dogmatique?

Examinons de près cette conception.

Sans autre idée commune que celle que nous venons de dire, des hommes de bonne volonté peuvent unir leurs efforts pour obtenir un résultat moral et pratique déterminé : par exemple, frappés de l'insupportable licence qui s'étale de diverses façons dans les rues, ils peuvent travailler à purifier, à nettoyer, à assainir moralement la voie publique. L'invasion pornographique est évidemment un mal : y apporter une résistance est évidemment un devoir. Quoi que l'on pense sur tout le reste, on peut chercher ensemble les moyens de rendre cette résistance efficace, au lieu de se contenter de platoniques protestations.

De même encore, je conçois des écrivains de talent prenant entre eux l'engagement de respecter les âmes dans leurs écrits, et de renoncer à toute malsaine exhibition littéraire. Ce seront des « compagnons du devoir » d'un nouveau genre, décidés à faire un « chef-d'œuvre » sans sacrifier à la mode. Qu'ils s'adjoignent des artistes, sculpteurs, peintres, musiciens, et l'association grandira, s'étendra, capable de produire de bons effets, sans autre lien intellectuel entre tant d'hommes différents que cette pensée que la salubrité morale est un bien précieux, et qu'à ne point corrompre, l'art n'a rien à perdre, mais tout à gagner.

Remarquons-nous que toujours l'association, pour être féconde, pour être possible, a, dans une idée précise et tout à fait déterminée, sa raison d'être? Même si le principe où se puise l'inspiration première est très général, comme celui-ci : « Il y a quelque chose à faire, et ce qui est à faire, c'est de diminuer la misère humaine », du moment qu'on en vient à mettre en commun ses efforts pour appliquer le principe, c'est une forme toute particulière de misère que l'on a en vue, et c'est un avantage tout particulier aussi que l'on considère : il s'agit de supprimer ceci, de procurer cela, et ceci ou cela, c'est quelque chose de très déterminé.

Je me représente un pays où ces sortes d'associations se multiplieraient. Ce serait le signe d'un « réveil moral » très sérieux. Je verrais là l'indice d'un besoin de relèvement qui irait se répandant, et en même temps la preuve que ce peuple commencerait à comprendre que, pour se sauver, il lui faut faire effort. C'est une tendance assez générale que d'attendre de je ne sais quelle dictature vaguement rêvée la délivrance et le salut. La paresse universelle invoque une tête puissante qui dispense de prévoir et de pourvoir, un bras puissant qui dispense d'agir et de lutter. On souhaite un homme qui rétablisse les affaires publiques, les mœurs publiques, la paix publique. Certes, il faut des chefs à l'humanité. Mais la marche des choses semble indiquer un dessein providentiel contraire aux vœux paresseux que nous venons de rappeler. De plus en plus, les hommes manquent : j'entends ces hommes qui conduisent et mènent avec empire, soit dans l'ordre philosophique, soit dans l'ordre social, soit dans l'ordre politique. Une seule voix domine les autres, celle du Pape. Et c'est de très haut qu'elle se fait entendre; c'est de très haut qu'elle rappelle les principes éternels, de très haut qu'elle donne des indications pratiques. C'est à nous de prendre en mains nos intérêts, à nous de faire effort pour remédier à nos maux, réformer nos vices, ramener la paix. Toute association qui, sur tel ou tel point déterminé, est une sorte de ligue morale du bien public, est donc, en principe, chose bonne, et, en fait, si elle ne demeure pas un simple plan tracé sur le papier, ou si elle ne devient pas la proie d'un parti bruyant et malfaisant, elle est une force, elle est un secours, elle peut réaliser un bien réel.

Mais parce qu'en ces diverses manières les bonnes volontés peuvent s'unir dans une même pensée morale, en dépit des divisions intellectuelles, avons-nous le droit de conclure de là qu'une grande société des esprits et des âmes peut et doit s'établir sur cette seule base de la bonne volonté, sans autre lien intellectuel que la pensée de faire quelque chose de la vie, et d'employer la vie à diminuer les misères humaines? C'est une assemblée universelle des esprits et des âmes qui est rêvée ici : est-elle possible?

Je vois bien que le premier effort qui est demandé, c'est une réaction vive et décidée contre le *dilettantisme*. C'est très bien. Mais du moment que ce n'est plus d'un point déterminé qu'il s'agit, du moment que c'est notre tout qui est en jeu, et que c'est l'orientation de la vie tout entière, l'emploi de la vie qui est en cause, je doute que l'espèce de lassitude et de dégoût où les excès du *dilettantisme* plongent les âmes, suffise à faire prendre de si énergiques résolutions. Je doute aussi que, se faisant de la vie des idées si diverses dont il ne leur sera pas demandé compte, des hommes que tant de choses séparent s'unissent efficacement pour décider de l'emploi de la vie elle-même. Je me demande comment ils travailleront en commun à diminuer des misères qu'ils s'abstiennent de définir, à procurer des biens dont ils ne veulent point éclaircir la notion. Je me demande enfin ce que, avec cette bonne volonté vague, ils diront à ceux qu'ils veulent instruire, consoler, diriger. N'ayant d'autre pensée que celle de faire du bien, ils iront pleins de générosité et d'ardeur, mais s'ils ne savent même pas quelle espèce de bien ils ont à faire, combien vite ils seront embarrassés! Et comme il y aura, avec une bonne volonté égale, d'étranges divergences dans les efforts et dans l'action! Certes, l'initiative personnelle est bonne et indispensable; certes, la variété dans les formes du bien, dans les moyens de réaliser le bien, est chose précieuse, car c'est le signe de l'infinité du bien même et aussi de la fécondité de l'âme humaine. Mais encore faut-il que des idées directrices précises président à tout ce mouvement. Sans quoi ce sera, malgré qu'on en ait, un désarroi d'une nouvelle sorte, une vraie déroute. Cette armée de volontaires, sans autre point de ralliement que de faire du bien, sans signe certain auquel reconnaître ce bien à faire, fera-t-elle du bien vraiment?

Disons-le nettement : l'unanimité morale, sans autre accord dans les pensées que cette vague idée commune, est une chimère.

III

Est-ce donc que nous voulons décourager les bonnes volontés et que nous attendons, pour les employer, un mot d'ordre qui les discipline?

Nullement.

D'où viendrait ce mot d'ordre dans une société comme la nôtre? Et quelle en pourrait être l'efficacité?

Nous pensons que ce sont bien des « mouvements d'opinion[1] » qu'il y a lieu de déterminer; car il s'agit, avant tout, de refaire les esprits et les âmes; et, pour refaire les esprits et les âmes, ce ne sont pas des règlements, des décrets, des lois, des formulaires d'aucune sorte qui sont de mise. Il faut des idées inspiratrices, très simples

1. Paul Desjardins, *le Devoir présent*, p. 64.

et très riches en même temps, qui fermentent ou qui germent en silence, pour ainsi dire, et qui enfin éclatent. Sans aucun doute, cette idée « qu'il y a quelque chose à faire de la vie » est une idée inspiratrice ; sans aucun doute aussi, cette autre idée « que ce qui est à faire, c'est de diminuer la misère humaine » est une idée inspiratrice. Je ne dis pas qu'il faut rejeter ou négliger ces idées. Loin de là. Je dis qu'il faut ne pas s'y tenir. Il ne faut pas dire : cela suffit. Il faut dire : cela ne suffit pas.

Je m'explique. Cela suffit pour commencer, mais à une condition, c'est qu'en commençant avec cela, on ne se dise pas qu'il n'y aura rien de plus à chercher.

Donc, si des hommes déterminés à employer leur vie à faire du bien se rapprochent et se groupent, il pourra y avoir place parmi eux pour qui n'en serait qu'à ce commencement dont nous venons de parler. Rebuter un homme de bonne volonté par cette raison qu'il n'a encore du bien à faire qu'une notion vague, ce serait une imprudence, une faute. Mais lui dire que ce commencement suffira toujours, ce serait une autre imprudence, une autre faute. On n'érigera donc pas en principe cette prétendue vérité, que, pour faire du bien, la vérité importe peu, et qu'il n'est même pas nécessaire de s'entendre sur la qualité du bien à faire.

En d'autres termes, l'indifférence à l'égard de la vérité ne peut être le fondement d'une société féconde, dont le but est de soulager toute misère humaine. C'est la vérité qui délivre, c'est la vérité qui sauve.

Avec peu de vérité, on peut commencer, pourvu qu'on ne décide pas à l'avance que ce peu suffit et que plus nuirait.

D'ailleurs, le seul fait de dire qu'on veut faire quelque chose de la vie, quelque chose de sérieux, et que l'emploi de la vie, c'est de soulager la misère humaine, c'est une solution apportée à la question de la vie. En disant cela, on se range du côté des « positifs » par opposition aux « négatifs[1] ». Très bien, et c'est, en effet, une façon très positive, dans le plus vrai et le meilleur sens du mot, de résoudre l'énigme. Mais ou cela n'est qu'un

1. *Le Devoir présent*, p. 6 et suivantes. — Voir *les Idées morales du temps présent*, de M. Edouard Rod, conclusion.

sentiment sans consistance, une lueur à peine, ou cela a une signification nette. Or, si cela a une signification nette, cela implique, enferme en soi des idées nettes aussi qu'il importe de considérer. Allez-vous leur tourner le dos par la raison que vous voulez vous interdire toute spéculation? Et êtes-vous résolu à vous interdire toute spéculation par la raison que les divergences d'opinion se produiraient tout aussitôt et que c'en serait fait de l'alliance morale rêvée et souhaitée? Mais que serait-ce, sinon des réticences de politique ou de politesse qui ne sont pas à leur place ici? C'est de la vie qu'il s'agit. Comment ne voudrais-je pas savoir sur quoi est assis le jugement que vous en portez? De quel droit m'interdiriez-vous de vous demander au nom de quoi vous me conseillez, vous me prescrivez d'en faire tel emploi plutôt que tel autre ; pourquoi vous me rangez parmi les bons, si je veux ceci, et parmi les mauvais, si je veux cela? Vous vous défendez d'avoir une doctrine sur la vie. Pourtant vous me présentez une forme de vie comme préférable aux autres, c'est la vie sérieuse et consacrée au soulagement des misères humaines. Si c'est parce que c'est votre sentiment, ne puis-je vous opposer mon sentiment à moi ? Et alors ? Non, il n'y a dans le pur sentiment, il n'y a dans le pur bon vouloir aucune base solide d'alliance, d'association, de commune action. C'est la vérité qui lie. Quand la vérité paraît, on peut dire, on doit dire à ceux qui ne veulent pas d'elle : Vous avez tort. Et tant qu'on ne peut pas dire aux réfractaires : Vous avez tort, dans le plein sens du mot; quelle union peut-il y avoir entre les hommes, quelle unanimité, quel accord? Rien que de temporaire, et de précaire, et de fragile. Encore une fois, la vérité seule lie, et pour avoir l'union des âmes, il faut l'unité de pensée, il faut au moins ne pas proclamer la division intellectuelle comme le meilleur moyen d'union morale.

IV

Faut-il alors établir une sorte de *minimum* de vérité au-dessous duquel tout accord serait impossible?

Entre hommes qui entreprennent une discussion ou qui veulent faire une étude en commun, il y a lieu de chercher avant tout ce *minimum*. Ce n'est pas du tout ce dont l'on décide de se contenter, c'est ce dont l'on voit qu'il faut convenir pour commencer.

Dans un temps, surtout comme celui-ci, où tout est remué, ébranlé, je voudrais que ces quatre points au moins fussent, d'un commun accord, mis hors de tout débat : 1° que devant un fait positif bien constaté, en tout ordre de connaissance, il n'y a pas à contester ; 2° que devant une contradiction manifeste il n'y a qu'à s'arrêter ; 3° que si l'on admet que toutes les assertions se valent, il n'y a qu'à se taire ; 4° enfin que l'honnêteté morale prime tout, et que, si devant les conséquences manifestes d'une hypothèse qui rend l'honnêteté morale impossible, on ne renonce pas à l'hypothèse, ce que l'on avance est non avenu[1]. Je suis convaincu que dans le temps présent il y aurait avantage à poser expressément ces points admis en commun. Mais, reconnaître ainsi au début d'une étude certaines évidences, ce n'est pas fixer un *minimum* de vérité à admettre. Ce sont comme des règles pour la direction de l'esprit et de la volonté, et, en ce sens assurément, ce sont des vérités, toute règle étant vérité; mais ce ne sont pas les articles d'une confession de foi, des sortes de κύριαι δόξαι constituant comme un formulaire.

Je n'ai aucune confiance en un *minimum* de vérité enfermé et fixé dans un symbole prudent. La vérité réduite à un *minimum*, c'est la vérité *diminuée*, et la vérité diminuée a perdu une grande partie de sa vertu. Autre chose est la vérité incomplète, autre chose est la vérité di-

1. J'ai développé ces vues dans *la Philosophie et le temps présent*, ch. xv : *la Discussion philosophique*. (Paris, Belin, 1890.)

minuée. Mise dans une âme de bonne volonté, la vérité encore incomplète est comparable à un germe : elle croît peu à peu, elle se développe, elle s'épanouit. La vérité incomplète cherche et trouve son complément. La vérité diminuée est semblable à un être organisé vivant dont on retrancherait une à une toutes les parties : que finirait-on par faire d'un tel être?

Nous pouvons, en commençant, nous contenter de *peu*, si ce *peu* implique *tout;* non, s'il dispense de *tout*[1]. Nous prendrons les hommes comme ils sont et où ils sont; dans tout homme de bonne volonté, dans tout homme qui admet de bon cœur certaines vérités, nous verrons un auxiliaire; mais nous ne déclarerons nulle part qu'il y a un certain *minimum* de vérité qui suffit. Une telle déclaration tuerait toute sève.

1. Voy. Gratry, *Commentaires sur l'Évangile selon saint Matthieu*, ch. XXV, *l'Emploi de la vie*, p. 259-261 du t. II. « Tout le christianisme est en ce point : *Et mihi fecistis*... Toutes les fois (dit Jésus-Christ) que vous avez eu pitié du moindre de mes frères, et que vous l'avez rassasié, ce que vous avez fait pour lui, c'est à moi-même que vous l'avez fait, *et mihi fecistis!*... Cela, vous dis-je, est tout... Mais je répète que ce point unique est le tout, non en ce sens qu'il exclut le reste, mais en ce sens qu'il implique tout. » — Cf. *Les Sources*, *Conseils pour la conduite de la volonté*, conclusion, surtout § 1er.

Laissons la vérité latente, implicite, travailler tacitement dans les âmes. Ne disons pas que, pourvu que l'on admette ceci et puis cela, c'est assez.

Toutes les déclarations de ce genre seront stérilisantes.

Par exemple, que l'on dise : Il suffit d'admettre l'existence de Dieu. Comme il s'agit d'un *minimum* et qu'il ne faut effaroucher personne, on se gardera de rien dire de plus. Mais il y a bien des manières de concevoir Dieu. N'en choisira-t-on aucune? Aucune. Il y a ici une méprise. Si concevant nettement et fermement Dieu comme un Être pensant et voulant, Créateur du monde et Providence, je rencontre des hommes préoccupés du divin, capables même de dire que Dieu existe, mais sans avoir de la divinité les mêmes idées précises, vais-je les rebuter et mépriser le peu de vérité que je trouve dans ces esprits, sous le prétexte que ce n'est pas assez? Pas le moins du monde. Mais je ne conclurai pas non plus de là qu'un *minimum* pourrait être fixé en ces termes : Dieu existe, avec cet article additionnel, que l'on s'abstiendra de tout essai d'éclaircir une vérité si précieuse de peur de ramener les divergences d'opinion et la division des esprits.

Toutes les déclarations raccourcissantes, rétrécissantes, sont à craindre. Elles marquent à quoi l'on peut s'en tenir, ce qui est une espèce de suppression du reste. Et, comme ce qu'elles fixent est en soi très vague et que, précisément, elles n'arrivent à fixer quelque chose que grâce à ce vague même, elles ne réunissent les esprits qu'en apparence ; l'unité qu'elles créent est fictive et stérile. Elles ressemblent à ce que j'ai déjà nommé plus haut, les conventions de la politique ou de la politesse.

V

Il ne s'agit donc pas de trouver quelques formules auxquelles un grand nombre d'hommes puissent souscrire. Il s'agit, non d'introduire dans les esprits et dans les âmes des vérités toutes faites, mais d'abord de refaire les esprits et les âmes.

Nous en sommes là. Tout est branlant. La confusion est partout. C'est à ceux qui ont des idées nettes et fermes de travailler à raffermir et à éclairer autour d'eux.

Comment? En se pénétrant de plus en plus eux-mêmes de leurs idées. Quand une idée remplit l'esprit, surtout si elle excite des sentiments, anime la volonté et se traduit dans les actes, elle prend une force toujours croissante : elle rayonne de toutes parts.

Voilà la première condition de toute influence qui compte : on agit plus par ce que l'on *est* que par ce que l'on *dit* ou même par ce que l'on *fait*.

Et puis il faut dire et faire. C'est à chacun d'user, selon son caractère, selon sa situation, de tant de moyens, de tant de ressources que les conditions modernes de l'existence mettent à notre disposition.

Il faut d'une manière ou d'une autre créer autour d'une idée jugée essentielle tout un « mouvement d'opinion », toute une *agitation* (au sens anglais du mot), afin que l'on y regarde, que l'on y pense, que l'on s'en préoccupe, et que les plus légers, les plus distraits, les plus prévenus en sens contraire soient comme forcés de jeter les yeux de ce côté-là et de se dire qu'il y a quelque chose à voir.

Ainsi une idée bien forte se crée pour ainsi dire des organes pour se rendre sensible et opérer, et elle se fait sa voie. Elle va se réalisant malgré tout.

Et, en se réalisant, elle conforme les esprits et les âmes à sa propre ressemblance : y laissant quelque chose d'elle-même, elle les modifie, elle les fait ou leur donne de quoi se faire selon ce qu'elle est.

Telle est la puissance des idées.

Mais ce que nous voulons, ce sont des idées qui refassent les esprits et les âmes. Il y a beaucoup d'idées dans le monde qui sont propres à les défaire, et qui y réussissent. Nous en voulons de propres à les refaire, et qui y réussissent. Où trouverons-nous ces idées?

Si nous jugeons chimérique et dangereux de fixer un *minimum* de vérité, si nous jugeons impossible qu'une association existante ou organisée *ad hoc* dresse la liste des vérités essentielles propres à refaire les esprits et les âmes, qui donc sera juge de ce qui est à faire, et où prendre de quoi faire ?

C'est toujours la même difficulté. La vérité seule peut lier. Mais où est la vérité? La vérité seule peut refaire les esprits et les âmes. Mais où est la vérité? La vérité seule a une vertu pacifiante et une vertu régénératrice. Mais où est la vérité? Il faudrait qu'au moins ceux qui se mettent à la tête de cette entreprise de pacification et de régénération intellectuelle et morale sussent où est la vérité ; et il faudrait qu'eux au moins l'eussent *entière*, puisqu'un *minimum* est insuffisant et dangereux.

A qui donc appartiendra-t-il de prendre la tête du mouvement et de présider à ce grand travail de restauration intellectuelle et morale ?

Ce ne sera pas aux politiques comme tels, c'est trop clair. Ce ne sera pas aux savants comme tels, ni aux philosophes comme tels : les savants n'ont pas de quoi atteindre au fond des esprits et des âmes, ni les philosophes non plus, quoique pour d'autres raisons. A qui donc reviendra la grande tâche dont nous parlons ? Aux hommes qui pensent ? Non pas précisément. Aux hommes de bonne volonté ? Sans doute. Mais où prendront-ils leurs idées inspiratrices et régulatrices ? Voilà le point.

Regardons bien. Et d'abord considérons encore avec toute l'attention possible ce que nous voulons.

L'anarchie intellectuelle et morale, qui est visible, est visiblement un mal.

Nous jugeons qu'il faut travailler à la faire cesser.

C'est un devoir pour tout homme qui pense.

Ne parlons ici que de ceux-là et qu'à ceux-là. Philosophes, lettrés, écrivains, nous nous disons à nous-mêmes, nous nous disons entre nous, nous disons au public que nous avons un devoir : celui de travailler, dans la mesure de nos moyens et de nos forces, à faire cesser l'anarchie intellectuelle et morale dont tous souffrent, dont tout souffre.

Nous voulons donc travailler à la pacification des esprits et des âmes.

Nous savons que la paix complète, définitive, n'est pas de ce monde. Nous ne rêvons pas une paix impossible.

Nous ne prétendons pas changer les lois du monde : la lutte est inévitable, et la lutte est avantageuse.

Mais il y a une paix relative qui est souhaitable, qui est indispensable.

L'histoire nous offre des périodes extrêmement troublées, périodes de *crise*. Elle nous offre d'autres époques relativement tranquilles, où les idées, les mœurs, les institutions, les individus et les peuples, les esprits et les âmes, tout semble assis. C'est de loin surtout qu'elles font cet effet.

En y regardant de près, on y découvre bien des troubles encore, et ceux qui y ont vécu ont eu leurs misères, leurs souffrances. Néanmoins, à prendre l'ensemble, ce sont des époques de paix. La plupart des hommes pensaient de même sur les points essentiels. Le nombre des points communs entre les esprits était considérable.

Non seulement il est permis, mais il est bon, il est nécessaire de souhaiter que nous arrivions bientôt à une paix semblable.

Je me fais une belle image de notre monde moderne enfin pacifié. La paix, c'est l'ordre, et c'est la concorde. Chaque chose à sa place, en son rang, et toutes unies, conspirant à une fin supérieure : les sciences nettement distinguées des conceptions téméraires que trop souvent l'on prend pour elles et qui en usurpent l'autorité et le prestige ; la philosophie débarrassée de tant de subtilités sophistiques ou de tant de rêves capricieux qui se donnent pour ses légitimes produits et qui la décréditent ; les notions proprement scientifiques incontestées dans leur domaine ; les principes éternels de la raison et de la conscience morale mis dans une lumière nouvelle et dominant tout le reste ; une activité incessante mais réglée, un mouvement sans trêve, mais non sans frein : des discussions, des débats, des controverses, des disputes, assurément, et des malentendus aussi, des méprises, des préjugés, des erreurs, — cela est de tous les temps, — mais un certain esprit général qui tempère tout cela, des vérités maîtresses qui exercent sur la plupart des esprits un empire incontesté et qui obtiennent de tous le respect ; une certaine façon de penser, juste, saine, qui est la façon commune de penser ; une certaine conception de la vie, noble, droite, qui est communément admise ; enfin, un certain fonds commun de sentiments, d'idées, d'habitudes, qui permet aux âmes de se rapprocher et de s'unir.

Le siècle le plus voisin de nous qui ait connu la paix dont je parle, c'est le dix-septième siècle. Pourquoi le dix-neuvième finissant ne préparerait-il pas pour le vingtième une paix analogue, en des conditions tout autres, sous une forme toute nouvelle, paix aussi efficace et plus féconde encore, et, s'il se peut, plus durable ?

Mais comment préparer cette paix ? La même question revient toujours. Où ceux qui veulent travailler à cette œuvre trouveront-ils les sources vives d'où la paix sortira?

Les sources de la paix et les sources de la régénération intellectuelle et morale sont les mêmes. On pacifiera les esprits et les âmes avec ce qui est propre à refaire les esprits et les âmes. Ce qui est propre à refaire les esprits et les âmes, c'est la vérité, la vérité morale entière. Or, la vérité morale entière, où est-elle?

VI

Elle est dans le christianisme.

Le christianisme ne supprime rien, mais il comprend tout et il domine tout. Avec le christianisme, nous avons tous les trésors de la raison humaine, et quelque chose de plus. Avec le christianisme, nous avons toutes les ressources de la conscience humaine, et quelque chose de plus. Nous ne perdons rien de ce qui appartient à « l'homme purement homme[1] », nous l'avons sans alliage, et nous avons quelque chose de plus.

Ou les esprits et les âmes se rechristianiseront,

1. Ai-je besoin de rappeler que ce sont des expressions de Descartes, conformes aux notions théologiques qui distinguent dans l'homme ce qui appartient à sa nature et ce qui la dépasse? « Si, entre les occupations des *hommes, purement hommes*, il y en a quelqu'une qui soit solidement bonne et importante, j'ose croire que c'est celle que j'ai choisie. » Descartes, *Discours de la Méthode*, I, 3.

et une nouvelle pacification intellectuelle et morale se produira ; ou les esprits et les âmes se déchristianiseront de plus en plus, et l'anarchie intellectuelle et morale ira croissant.

La vérité dans le christianisme n'est ni mouvante ni stagnante. Elle est stable, et elle vit. Dans l'Église catholique, qui seule maintient le christianisme intégral, des définitions dogmatiques, rigoureusement précises, protègent la vérité contre la fantaisie, contre l'illusion, contre l'erreur, et la formule fixe a une majesté immuable, une autorité contre laquelle se brisent tous les efforts. Et, en même temps, la vérité a une sève toujours active, une énergie vitale qui se renouvelle sans cesse et renouvelle tout avec elle : ce sont des aspects nouveaux que l'on découvre, des conséquences nouvelles que l'on aperçoit, des suites ou des dépendances inconnues qui apparaissent ; des applications auparavant ignorées qui sont trouvées, de véritables inventions qui suscitent des formes inusitées de dévouement, de vertu ; enfin, la vie au sein de la plus parfaite unité, la vie avec sa variété, avec sa souplesse, avec ses saillies, se modifiant sans cesser d'être toujours la même au fond, s'adaptant aux milieux, aux circonstances, attirant tout à elle et transformant tout : on dirait qu'elle se transforme ; c'est le reste qu'elle s'assimile et qu'elle transfigure.

Nous avons vu qu'il n'y a pas, dans l'ordre humain, de formulaire pouvant contenir les vérités essentielles, pas d'autorité humaine capable de dire : « Voici ce qu'il faut admettre ; voici le défini et l'indispensable : pensez de cette manière sur ce point, sur ces points. » Non, pour les vérités les mieux établies, les plus certaines, il n'y a pas de pouvoir humain, social ou autre, qui soit en mesure d'édicter de tels décrets sans faire tort à la vérité ou sans faire violence aux esprits. Seule, l'Église catholique réussit en cela, et c'est la preuve qu'elle est plus qu'humaine.

C'est là qu'il nous faut chercher la source de la régénération et la source de la paix.

En proie à l'anarchie, nous nous écrions : A qui irons-nous? Comprenons donc que celui à qui il faut aller est dans le monde. C'est le Christ. Sachons lui dire : Vous avez les paroles de la vie éternelle : *Verba vitæ æternæ habes*[1].

1. *Évangile selon saint Jean*, VI, 69.

Nos sciences sont merveilleuses. Il ne s'agit pas d'y renoncer. Tout au contraire, il faut travailler plus que jamais à comprendre et à maîtriser la nature. Il faut, dans les sciences, faire de nouveaux progrès, remporter de nouveaux succès, aller toujours plus loin, toujours plus avant dans cette conquête de l'univers par l'intelligence de l'homme et par l'énergie de l'homme. Mais nos sciences n'ont pas les paroles de la vie éternelle.

Notre philosophie est curieuse, hardie, entreprenante. Il ne s'agit pas d'y renoncer. Tout au contraire. Il faut s'efforcer plus que jamais, mieux que jamais, de saisir les secrets de l'organisme intellectuel, surtout de pénétrer le principe même de la vie, de la vie intellectuelle, de la vie morale, de la vie totale et vraiment humaine. Il est bon que l'homme se connaisse, se conquière lui-même de plus en plus, et que des individus et des sociétés il ait une notion de plus en plus étendue, approfondie, précise, riche. Mais notre philosophie, toute seule, n'a pas les paroles de la vie éternelle.

Nos études historiques sont singulièrement osées dans leurs investigations et singulièrement heureuses dans leurs trouvailles. Il ne s'agit pas d'y renoncer. Tout au contraire. Il faut de plus en plus étendre l'humanité dans le passé. Grande est la place que tiennent les morts dans la vie humaine. Cela est particulier à l'homme. Il est bon que cette place s'agrandisse encore. Ressaisir, ressusciter par l'histoire, les choses passées, c'est reconquérir sur la mort des pensées, des sentiments, des actions, des produits de l'esprit humain et de l'âme humaine, qui reprennent vie et qui suscitent à leur tour en beaucoup d'hommes vivants une activité nouvelle. Mais nos sciences historiques n'ont pas les paroles de la vie éternelle.

Nos arts, inférieurs peut-être par bien des côtés à ceux d'autrefois, ont néanmoins de hautes visées souvent encore, et, en tout cas, ils ont dans nos préoccupations une place d'honneur. Il ne s'agit pas de renoncer aux arts. Tout au contraire. Si dans les voies nouvelles où ils s'engagent, ils rencontrent des façons inconnues et très puissantes de nous émouvoir et de nous charmer, s'ils trouvent moyen de traduire comme on ne l'avait pas fait encore, la nature et l'âme humaine et les choses supérieures, tant mieux. Mais les arts n'ont pas les paroles de la vie éternelle.

Nous qui voulons refaire et pacifier les esprits et les âmes, nous ne pouvons puiser la vertu régénératrice et pacifiante dont nous avons besoin que dans le christianisme. Avec cette vertu, nous revivifierons tout; et les sciences, et l'histoire, et les arts, et la philosophie auront un rôle, rôle actif et précieux, dans l'œuvre de restauration et d'apaisement. C'est la parole de vie qu'il faut demander au christianisme.

Depuis que le christianisme est dans le monde, si l'on veut se passer de lui, on descend, à certains égards, au-dessous des temps qui ont précédé le christianisme. Si les nations chrétiennes parvenaient à supprimer en elles tout esprit chrétien, on voit à des indices sûrs que leur état serait pire que celui des Grecs, des Romains et des Barbares même.

Il nous faut des principes. En dehors du christianisme tout est branlant.

Il nous faut un esprit de désintéressement, de générosité, d'union, pour combattre en nous et en autrui l'égoïsme. En dehors du christianisme il y a des théories « altruistes », des tentatives généreuses : rien de bien pondéré, si je puis dire, et rien de vraiment pratique, rien de vraiment suivi, rien d'efficace.

L'esprit du christianisme est essentiellement esprit de sacrifice et esprit d'amour, parce que l'esprit du christianisme, c'est l'esprit du Christ, et que le Christ, le vrai Christ, c'est le Christ crucifié, le Christ qui souffre parce qu'il aime.

C'est de l'esprit de sacrifice et de l'esprit d'amour que nous avons besoin. Il nous faut apprendre à renoncer à ce qui fait tort aux autres et à ce qui nous dégrade nous-mêmes ; il nous faut apprendre à aimer, à aimer ce qui vaut mieux que nous et à aimer les hommes qui sont d'autres nous-mêmes. Il n'y a de vie morale qu'à ce prix, de paix morale qu'à ce prix. Allons-nous nous ingénier, nous évertuer à trouver d'autres sources de l'esprit de sacrifice et de l'esprit d'amour que celles qui sont devant nous ?

Le christianisme n'est pas perdu : il n'y a pas à le réinventer ; il n'est pas mort : il n'y a pas à le ressusciter. C'est nous qui en avons perdu le sens, c'est nous qui ne savons plus et ne voulons plus en vivre. Nous en avons oublié la lettre et l'esprit : rapprenons-en la lettre, retrouvons-en l'esprit. Nous n'en vivons plus : cherchons-y de nouveau notre lumière et notre règle, le principe de notre penser, de notre vouloir, de notre agir.

Nous sentons, nous voyons que, pour faire quelque bien, il ne faut pas demeurer seul. Il faut nous unir entre nous, il faut nous associer les uns aux autres. Mais nous n'avons pu trouver les bases d'une association qui comprît dans son sein tous les hommes de bonne volonté, alors qu'il s'agit de ce que je puis nommer le *tout* de la vie humaine. Cette société que nous cherchons existe. C'est « l'Assemblée universelle des esprits et des âmes[1] », c'est l'Église catholique. Seule elle est vraiment unifiante, parce que seule elle a des dogmes. Seule elle a des dogmes : seule, par conséquent, elle n'est ni vague ni mobile. Mais, par cela même, elle a une ampleur qu'aucune autre société ne saurait avoir. Elle est ample comme la vérité, ample comme Dieu. On l'a définie un jour « l'Assemblée de ceux qui pensent avec

1. Gratry, *Sources de la régénération sociale*, 1871, 2e édit., p. 106.

Dieu, qui pensent comme Dieu[1] ». Ses dogmes précis l'assurent de la vérité. Qui admet ce qu'elle enseigne, est dans la vérité, pense avec Dieu, pense comme Dieu. Voilà qui est net. Entendez maintenant tout ce qu'il y a dans cette parole. Si, pour une raison ou pour une autre, sans faute de votre part, vous n'avez pas la formule complète et pure du dogme, vous êtes encore dans la vérité, et comment? par votre bonne foi, par votre bonne volonté. Du moment que vous voulez, en ce que vous connaissez, ce que Dieu veut, vous pensez implicitement avec Dieu et comme Dieu. Du moment que vous voulez que la vérité soit, que la justice soit, vous êtes d'accord avec Dieu, vous pensez avec Dieu et comme Dieu. Voilà pourquoi l'Église catholique, si arrêtée dans ses dogmes, ne rebute pourtant pas les commençants, les bégayants; elle a pour les ignorances involontaires une indulgence infinie. Elle rejette l'erreur, elle ne condamne les errants eux-mêmes que s'ils s'obstinent dans l'erreur. Celui dont la volonté est mauvaise, celui qui volontairement est rebelle à

1. Gratry, *Sources de la régénération sociale*, p. 110.

l'esprit de sacrifice et à l'esprit d'amour, celui-là n'est pas dans la vérité.

Le Christ a dit : « Qui n'est pas contre vous est pour vous[1]. » Cette parole a en vue les faibles, les timides, les commençants : parce qu'ils n'ont aucune mauvaise volonté décidée contre la vérité, contre la justice, contre Dieu et son Christ, ils sont déjà et surtout ils seront avec Dieu et son Christ.

Une autre fois le Christ a dit : « Qui n'est pas avec moi est contre moi, qui n'amasse pas avec moi dissipe[2]. » Cette parole a en vue ceux qui prétendent se passer du Christ. Ils n'attaquent pas résolument, c'est vrai, mais ils prétendent être dans une neutralité impossible. C'est déjà dire *non* à la vérité et à la justice que de les oublier ou de les négliger, de les omettre, de s'en passer. C'est dire non au Christ que de ne pas le regarder, de passer à côté de lui sans y prendre garde, de l'omettre, de s'en passer.

Disons bien haut, si nous voulons prendre la tête du mouvement de régénération et de pacifi-

1. *Évangile selon saint Marc*, IX, 39 ; *selon saint Luc*, IX, 50.
2. *Évangile selon saint Matthieu*, XII, 30.

cation, disons bien haut que les esprits et les âmes ne peuvent se passer du Christ. Sans lui, nous ne savons où trouver le point de ralliement. Sans lui, nous ne savons où trouver l'esprit de sacrifice et l'esprit d'amour. Sans lui, après avoir pris la résolution d'aller aux petits, aux humbles, aux misérables, nous ne savons que leur dire pour les instruire ou pour les soulager, les consoler, les relever. Seul, il a les paroles de la vie éternelle. Et c'est parce qu'il a les paroles de la vie éternelle que seul aussi il a ce qu'il faut pour procurer dans la vie présente la force et la paix.

C'est le vœu de la raison que les hommes vivent selon la vérité et la justice. C'est le vœu de la raison aussi qu'ils s'unissent et soient en paix. Les principes qui sont les règles des esprits et des âmes sont des vérités de raison. Et comme ce qui est vérité est vérité pour tous, la raison, dont la vérité est l'objet, établit par cela même entre tous les esprits une société intime. Tout cela est certain. Mais comment ne pas voir aussi que personne ne sait ni ne peut suivre sa raison jusqu'au bout? Comment ne pas voir que les hommes ne réussissent pas à se mettre d'eux-mêmes à la raison? Comment ne pas voir, enfin, que chacun prend trop souvent pour règle de ses jugements et de sa conduite, sous le nom de raison, ses fantaisies, ses passions, ses préjugés? Ainsi l'homme a beau avoir la raison, il n'en use pas comme il faut; et la raison, en tant qu'elle a la vérité pour objet, a beau être la maîtresse et la souveraine des individus et des sociétés, ni elle ne règne vraiment, ni elle ne gouverne. Si donc nous voulons être raisonnables tout de bon, il nous faut avoir recours à autre chose que la raison même, à ce qui la guérit, à ce qui l'affranchit, à ce qui la sauve. Alors nous la retrouverons tout entière, et toute saine, et toute droite. La vérité, son objet, sera vraiment notre règle, notre loi, et nous vivrons vraiment selon la raison.

De plus, il nous faut dépasser la raison sans aller contre elle. Serait-ce bien connaître l'homme que de ne pas voir ou de négliger, après l'avoir aperçu, ce besoin qu'a l'homme de quelque autre chose que ce qui est compris dans les limites de la raison? Il aspire à entrer en communication avec ce qui le passe; il a recours, pour cela, à toutes sortes de moyens : il éteint toutes les lumières de la pensée pour trouver dans une nuit mystérieuse des profondeurs ineffables qui l'attirent tout à la fois et l'épouvantent ; il demande à des rites étranges, à des formules solennelles et obscures de l'introduire dans le commerce du surnaturel; il invente de bizarres pratiques pour pénétrer dans l'impénétrable. Notre siècle encore, malgré toute notre science et toute notre philosophie, compte des *mystères* et des *initiés* à la façon des temps antiques; et c'est parfois la science même qui fournit à cette théurgie d'une nouvelle sorte des ressources imprévues. Tant il est vrai que l'homme a besoin de dépasser l'homme. S'il l'essaye sans Dieu, il échoue et la raison menace de sombrer dans cet essai. Mais il y a dans le monde le christianisme, il y a l'Église : là est le seul moyen légitime et efficace de franchir les bornes de la raison et de les franchir raisonnablement.

Répétons-le donc : seul le Christ a les paroles de la vie éternelle. Seul, parce qu'il a les paroles de la vie éternelle, il peut nous procurer la vertu régénératrice et pacifiante que nous cherchons. Allons donc à lui. Nous voulons refaire les esprits et les âmes : il nous faut les rechristianiser. C'est manifeste.

Maintenant, voyons avec un détail précis, si c'est possible, ce que nous avons à faire pour rechristianiser les esprits et les âmes.

VII

D'abord il faut dissiper les fantômes et briser les idoles.

Il y a des fantômes de christianisme qui hantent les imaginations, qui font peur. Les politiques, les politiciens surtout, voient trop souvent dans le christianisme l'ennemi : ils ne le connaissent pas. Les ouvriers, que certains meneurs grisent au moyen de journaux et de discours, voient dans le christianisme l'ennemi : ils ne le connaissent pas. Les hommes d'étude, savants, lettrés, philosophes, historiens, penseurs de toutes sortes, se font aussi des fantômes de christianisme qui les rebutent. Ils voient le christianisme tout entier, par exemple, dans un moment de l'histoire, dans une époque qui a été l'objet préféré de leurs études. Pour beaucoup d'hommes de lettres, le christianisme n'existe qu'au dix-septième siècle. Ils ne le reconnaissent que là, ne l'estiment que là; et pour plusieurs, dans le dix-septième siècle même, le jansénisme seul a le secret du véritable esprit chrétien. Ils admirent beaucoup ces chrétiens d'alors et ce christianisme; mais, comme, après tout, le dix-septième siècle est mort, ils concluent plus ou moins tacitement que le christianisme est mort aussi, mort pour nous, ne nous convenant plus, ne nous allant plus; et, comme d'ailleurs le jansénisme, qui est une secte, a dans sa dogmatique et dans sa pratique quelque chose d'outré qui répugne, ceux qui y voient tout le christianisme se croient autorisés par ce qu'il a d'impraticable à ne point dépasser les bornes d'une vénération toute platonique.

Sachons comprendre qu'aucune époque ne contient tout le christianisme réalisé dans ses façons de penser, de sentir, de vouloir, d'agir. Ni le quatrième siècle, ni le treizième, ni le dix-septième n'ont été tout chrétiens, et l'eussent-ils été, il y aurait encore des faces de l'idée chrétienne et des ressources de l'esprit chrétien qu'ils ne nous révéleraient pas suffisamment, parce que ni leurs besoins, ni leurs maux, ni leur état d'esprit ou d'âme, ni leur état social, ni les formes de la vie alors connues et expérimentées, n'appelaient de ce côté l'attention.

Le christianisme prend les hommes comme il les trouve, et les sociétés aussi : il s'accommode à ce qui lui préexiste et se fait, avec les éléments qui s'offrent à lui, un vêtement destiné à durer plus ou moins. Si l'on confond avec lui ce vêtement qui se démode, qui s'use, on peut le croire lui-même démodé, usé. On le rejette comme une chose vieillie qui a fait son temps. On s'indigne de la gêne que ces vieilleries imposent à l'esprit, à l'âme, qui se renouvellent et se rajeunissent. On croit affranchir l'humanité en la débarrassant de ces entraves d'autant plus redoutables qu'elles paraissent sacrées. Mais le christianisme est lui-même vivant, toujours jeune, et bien souvent c'est de lui que viennent primitivement ces idées qu'on lui oppose, c'est de lui qu'elles viennent en ce qu'elles ont de profond et de solide, de sain et de fécond. Que l'on considère l'histoire : on verra combien de vêtements il a déjà usés depuis sa naissance. Quand l'Empire romain fut devenu chrétien, on put croire l'Église identifiée avec l'Empire. L'Empire pourtant s'évanouit, et l'Église continua de vivre, et elle fut le principe de vie qui présida tantôt visiblement, tantôt d'une manière latente à l'évolution d'où sortit une civilisation nouvelle. Vers le treizième siècle, son œuvre parut achevée : un art nouveau, une philosophie nouvelle, un renouveau littéraire, un état social et politique nouveau, tout avait donc été refait, et tout cela semblait tellement identifié avec le christianisme, que l'on ne concevait plus que cela pût cesser d'être sans que lui-même disparût ; et comme on pensait qu'il ne pouvait disparaître, on pensait aussi que tout cela devait durer : l'humanité n'avait plus qu'à se répéter elle-même, tout au plus à pousser plus loin la conformité à l'idéal que déjà elle réalisait. Toute nouveauté donc était un danger, une perte. Et cependant le moyen âge a cessé d'être. Le vêtement a été déchiré, et de quelle façon douloureuse, et au milieu de quelles secousses terribles ! Le christianisme a subsisté. Le dix-septième siècle a vu une renaissance catholique éclatante. Mais lui-même a eu à son tour un héritier qui a préparé de nouveaux changements, et singulièrement profonds. Le vêtement que le christianisme s'était fait a de nouveau été troué, maculé, mis en pièces. Le christianisme a-t-il été atteint lui-même? A-t-il péri? C'est un fait qu'il a, dans le temps présent, une vitalité nouvelle, et il est en train de se refaire un vêtement commode et décent.

Parlons mieux. Cette puissance si remarquable d'accommodation ne serait pas bien comprise si l'on n'y voyait qu'une sorte de souplesse politique qui permît au christianisme de se faire à tout, et par là de durer et de vivre malgré tout. Il y a plus et mieux que cela. S'il se fait à tout en ce sens un peu vulgaire, c'est qu'en un autre sens très haut il se fait tout à tous : le principe de vie qu'il porte en soi pénètre tout, et un état intellectuel, moral, social étant donné, voilà que cet esprit y entre, y circule, s'y ajoutant, s'y mêlant, inspirant les pensées, les sentiments, les actes, les institutions, les lois, créant des organes nouveaux où s'exprime, où se réalise l'idéal, et ce que nous appelions tout à l'heure un vêtement de circonstance, c'est la forme locale et temporaire, mais vivante en son lieu et en son temps, que se donne à elle-même l'âme des choses, si je puis dire, quand cette âme a été suffisamment remplie de l'esprit chrétien. En réalité, le christianisme ne reçoit pas, il donne; il n'est pas en quête d'un vêtement qui lui serait nécessaire, mais aux sociétés comme aux individus il fournit un principe auquel elles se conforment; ce n'est pas lui, à vrai dire, qui s'accommode aux choses, il se les accommode pour les vivifier, pour les transformer. Il opère ainsi d'incessantes créations. Et lorsque vient un moment où la vie prend une autre direction et a besoin de formes nouvelles, ces formes si puissantes tout à l'heure ne suffisent plus : la vie s'en est retirée. Mais alors qui voudrait y voir le christianisme même, oubliant qu'il va faire du nouveau, qui s'arrêterait là, s'attacherait à un fantôme sans consistance, adorerait une idole sans vertu; et qui s'effrayerait de voir renaître des choses que le temps présent ne comporte plus, aurait peur d'un fantôme ou d'une idole.

Voyons donc le christianisme tel qu'il est, et pour cela, cherchons-le où il est. Apprenons-le.

Nous ne le connaissons pas. Ce que nous en savons, c'est par ouï-dire. Nos notions sont de seconde main, souvent suspectes, toujours incomplètes, partielles, mêlées d'un impur alliage. Nous parlons beaucoup du christianisme, louant ceci, blâmant cela : avons-nous lu l'Évangile? Je veux dire l'Évangile lui-même. Quand nous voulons, nous autres lettrés, nous donner le plaisir exquis de connaître un homme de génie, nous allons le chercher là où il est lui-même, dans ses œuvres ; nous voulons l'entendre, oui, l'entendre, et ce tête-à-tête avec lui, ce commerce intime nous en apprend bien plus que tous les commentaires. Nous avons recours aux commentaires, il le faut ; mais nous savons que rien ne remplace l'entretien personnel, intime, avec l'auteur dans une lecture recueillie, respectueuse, humble, docile. Le Christ est dans l'Évangile : sachons l'y chercher, l'y voir, l'y entendre.

Et encore, nous parlons beaucoup de l'Église : avons-nous jamais consulté ses définitions dogmatiques? Savons-nous ce qu'elle pense elle-même et commande de penser sur les questions que nous agitons avec tant de passion dans nos journaux et dans nos conversations? Ce serait pourtant le plus sage et le plus sûr de la consulter elle-même sur ce qui la regarde, et de l'en croire plutôt que ses adversaires ou ses indiscrets amis.

Si, d'une part, nous sommes convaincus par l'histoire que l'Église a déjà plusieurs fois conquis le monde et qu'elle est armée pour le reconquérir encore; si, d'autre part, nous cherchons le christianisme où il est, c'est-à-dire dans l'Évangile et dans les enseignements de l'Église, nous ne risquerons pas de prendre pour le christianisme un fantôme ou une idole, et nous saurons en quoi consiste le christianisme authentique, intégral, vivant. C'est celui-là qui a une vertu régénératrice et pacifiante vraiment incomparable; c'est celui-là qui a, pour guérir nos maux, des ressources dont l'efficacité a de quoi consoler et étonner; c'est celui-là qui est capable de « donner au monde un élan[1] » et de produire de merveilleuses nouveautés.

1. Gratry, *la Morale et la loi de l'histoire*, 2e édit., 1871, t. Ier, p. 92.

VIII

Est-ce donc que le christianisme bien connu ne rencontrerait plus d'oppositions? Non, ce n'est pas cela. Comme il est opposé au mal, il serait inévitablement combattu, mais par le mal.

Nous parlons du christianisme bien connu. Nous rejetons donc un fantôme dont nous n'avons encore rien dit : nous avons parlé des fantômes terribles, il y en a de caressants. Disons un mot de ceux-là aussi. On ne veut voir dans le christianisme que l'amour : on n'y voit plus le sacrifice. L'amour alors n'est plus l'amour fort comme la mort, plus fort que la mort; c'est un amour languissant, doucereux, un amour sentimental et débonnaire. On dit alors que le christianisme est la religion de l'amour, ce qui est vrai; mais dans ces mots on ne met rien de vigoureux, rien de puissant. Ce christianisme affadi n'a pas de quoi régénérer les esprits et les âmes. Fantôme encore et idole que cela. Le christianisme est doux, sans doute, mais parce qu'il est fort : il est plein d'idées fortes, de sentiments forts, il demande des volontés fortes, des actes forts : il apprend à souffrir avec force, à agir avec force, et l'on pourrait dire du chrétien ce que Tite Live dit du Romain : « Son fond c'est d'endurer et de faire des choses fortes. » *Et facere et pati fortia, Romanum est*[1].

Donc le christianisme vrai rencontrera toujours des oppositions, car toujours il heurtera, par ses dogmes, par sa pratique, par son esprit, ce qui dans l'homme est déréglé.

Il a des audaces qui effrayeront toujours certaines timidités et certaines paresses. Il a des hauteurs qui épouvanteront toujours certaines faiblesses. Il demande un sacrifice qui résume tous les sacrifices, le sacrifice de soi, la préférence de la vérité, de la justice, de Dieu à soi, la préférence d'autrui à soi.

1. Tite Live, II, XII.

C'est pour cela qu'il a de quoi nous guérir; c'est pour cela qu'il trouve et trouvera toujours de l'opposition. Il est ce qu'il nous faut; il est ce dont quelque chose en nous ne veut pas.

Si nous cherchons dans les régions de l'intelligence les tendances dominantes à l'heure qu'il est, deux surtout attirent nos regards, le positivisme et le naturalisme. N'affirmer rien au delà des phénomènes observables et des lois vérifiables, partant se passer de tout ce qui n'est pas science proprement dite, c'est l'esprit du positivisme. Ne chercher rien au delà des êtres qui composent l'univers, y compris l'homme, partant se passer, pour expliquer les choses, de toute existence transcendante, c'est le fond du naturalisme. C'est précisément à quoi toute philosophie un peu noble répugne : aussi y a-t-il bien des inconséquences dans les doctrines positivistes ou naturalistes : ni on ne s'y interdit toute visée dépassant l'ordre proprement scientifique au sens strict du mot, ni on n'y supprime partout et toujours toute aspiration, sinon toute affirmation transcendante. Mais, d'autre part, c'est un fait d'expérience que les grandes philosophies sont comme décapitées par les disciples incapables d'en soutenir la hauteur. L'Académie, après Platon, garde du platonisme les petites choses, et se joue dans une dialectique subtile : elle perd le grand sens de la *théorie des idées*. Les successeurs d'Aristote ne comprennent pas sa métaphysique, et l'Être immobile, supérieur à tout ce qui devient, principe et fin de tout ce qui devient, est de nouveau confondu avec la Nature. Tant il est vrai que l'homme a de la peine à s'élever au-dessus de l'univers et de lui-même. Ainsi les doctrines basses conservent ordinairement au moins le regret des hauteurs, et les doctrines qui s'établissent sur les hauteurs sont impuissantes à s'y maintenir.

C'est l'honneur du christianisme d'être radicalement opposé à la tendance positiviste et à la tendance naturaliste. C'est la destinée du christianisme d'avoir toujours pour ennemis ceux en qui ces tendances dominent. Tout à la fois il attire et rebute parce qu'il est haut. Mieux donc il est connu et compris, mieux aussi l'on voit combien il est en opposition avec le positivisme et le naturalisme ; plus par conséquent il apparaît comme apportant à l'esprit le salut, mais plus aussi il est combattu, repoussé par ce qu'il vient contredire.

Le positivisme n'attache de prix qu'au savoir clair, dans le sens le plus étroit du mot : le christianisme parle sans cesse de mystère. Le naturalisme réduit tout à la nature et à l'homme compris dans la nature : le christianisme, au-dessus de la nature, au-dessus de l'homme, montre Dieu qu'il appelle Père et Maître : dans l'ordre de l'existence, Dieu est Créateur; dans l'ordre de la pensée, Dieu est la Vérité; dans l'ordre du vouloir et de l'action, Dieu est le Bien, il est le Législateur, il est le Juge. Le christianisme assujettit tout à Dieu, et c'est ainsi qu'il promet d'affranchir l'homme et de le sauver. Encore une fois, rien de plus opposé à cette tendance positiviste et naturaliste qui nous envahit de toutes parts.

Nous ne nous faisons donc pas d'illusion, nous n'imaginons pas que le christianisme une fois cherché où il est, vu tel qu'il est, toutes les oppositions cesseront; nous croyons que la lutte sera vive, car enfin il contrarie des tendances qui plaisent, et à mesure qu'on le connaît mieux, on voit mieux combien et comment il les contrarie.

Mais, d'un autre côté, il y a un mouvement de réaction très marqué contre ces tendances. Beaucoup d'esprits trouvent le positivisme trop étroit, beaucoup cherchent à se dégager du naturalisme. C'est à ces esprits qu'il importe de révéler le vrai caractère du christianisme. Ils risquent de le méconnaître et de lui tourner le dos, tandis que, mieux renseignés, ils auraient la conviction que lui seul peut leur donner pleine satisfaction, et que, par conséquent, il faut aller à lui. Ils se défient de lui, ils ne voient pas qu'il est le remède parce que seul il combat radicalement le mal. Ils ont, dans les recoins de leur être et de leur vouloir, des restes de positivisme et de naturalisme; leurs aspirations mystiques n'empêchent pas un certain scepticisme, ou plutôt le favorisent, ou encore en sont favorisées; leurs visées morales ne vont pas jusqu'à considérer le « devoir » comme décidément transcendant par rapport à nous, sans quoi il redevient notre œuvre, ou celle de la nature, création de l'esprit ou instinct. Ce qu'ils nomment « l'idéal » est vague, et l'on ne sait où en est l'origine, dans la région claire où la réflexion de l'homme semble faire tout, ou dans l'obscure région du sentiment où, la conscience s'évanouissant par degrés, la nature semble inspirer, soutenir, déterminer tout. Cet « idéalisme », si l'on veut l'appeler ainsi, c'est donc un commencement de réaction contre les tendances déprimantes, et, à ce titre, nous le saluons volontiers. Mais c'est une réaction faible, indécise, parfois équivoque. Il faut aller jusqu'au christianisme, ou s'attendre à reculer, avec de beaux rêves et de bons désirs, devant le flot montant du naturalisme.

Il en est de même dans la pratique. L'égoïsme, pour nommer d'un seul mot tout le mal, l'égoïsme sous toutes les formes, l'égoïsme de la pensée et celui de la passion, chaque individu se faisant centre, ramenant et, s'il le faut, sacrifiant tout à soi ; l'homme, sans rien qui le domine et sans lien avec ses semblables : c'est le fruit des doctrines positivistes et naturalistes. Quand elles semblent donner autre chose, c'est qu'elles admettent quelque inspiration étrangère. Le désintéressement, quoi qu'on en puisse dire, n'est pas dans leurs principes. Ainsi elles réagissent contre elles-mêmes jusqu'à s'infliger des démentis ; mais ce ne sont jamais que des réactions faibles ou faussées. Faibles aussi sont les réactions qui se produisent autour d'elles. Ce sont des tentatives parfois bien généreuses, mais quelque chose de l'égoïsme qu'elles prétendent combattre, demeure ; elles en veulent au *dilettantisme*, par exemple, et c'est encore avec des airs et des façons de *dilettanti* que l'on parle de lutte et d'action. On veut faire quelque chose, et se dépenser, et se donner, et se dévouer ; c'est beau, mais si l'on propose des choses héroïques, le principe d'action qui inspire et qui doit soutenir cet héroïsme est-il nettement distinct de nous et supérieur à nous ? Et tant que nous ne sortons pas vraiment de nous-mêmes, sommes-nous en mesure d'échapper à l'égoïsme ?

Le christianisme met devant nous l'Invisible et le royaume des cieux : nous voilà d'emblée portés au delà de la région où prétend nous retenir le positivisme.

Le christianisme met devant nous la vérité, la justice, Dieu : nous voilà d'emblée portés au-dessus de la région où nous tient le naturalisme.

Le christianisme met devant nous le Christ crucifié, et, en son nom, nous parle d'amour de Dieu et des hommes, et nous prêche la pitié, la miséricorde : nous voilà d'emblée arrachés à tout égoïsme.

C'est donc au christianisme qu'il appartient de faire aboutir les réactions commencées, de faire réussir les entreprises tentées au nom de ce qu'il y a de noble et de généreux dans l'humanité. Il est plus violemment combattu que le reste, parce que, plus fortement que le reste, il contrarie le mal : il a donc plus de chances de réussir que le reste. Si l'on veut guérir, il ne faut pas de demi-remèdes. Tout demi-remède augmente le mal en l'endormant. Il faut savoir aller aux remèdes qui extirpent le mal. Au mal radical dont nous souffrons, il n'y a qu'un remède radical aussi, et c'est précisément le christianisme.

IX

Rapprochons maintenant toutes ces vues : l'inexprimable jeunesse du christianisme et son intarissable puissance de renouvellement; la manifeste ignorance dont font preuve ceux qui confondent l'Église avec les vêtements qu'elle use les uns après les autres, avec les formes locales et temporaires que prennent les sociétés en s'accommodant à elle et en essayant d'en traduire l'esprit dans leur vie; la nécessité de prendre le christianisme tel qu'il est et de ne point le confondre avec les fantômes terribles ou séduisants et les idoles vaines que le préjugé lui substitue; l'opposition que, bien connu et bien compris, il doit rencontrer dans les tendances qu'il contrarie ; le secours efficace qu'il apporte aux désirs, aux espérances, aux essais, aux commencements de réaction contre le mal dont nous souffrons : et sans doute se produira cette conviction que c'est bien de sa vertu régénératrice et pacifiante que nous devons attendre la restauration des esprits et des âmes, et la paix intellectuelle et morale.

Je sens bien néanmoins qu'une inquiétude demeure : retourner à la vieille Église, le peut-on sans lui faire amende honorable ? Et n'exigera-t-elle pas que, décidés à adorer ce que peut-être nous avons brûlé, nous brûlions ce que nous avons adoré ? Appelons les choses par leur nom : l'Église a en horreur les *idées modernes;* si nous revenons à l'Église, l'Église nous fera renoncer aux idées modernes. Le pouvons-nous ? Le devons-nous ?

Si l'on veut sincèrement résoudre la question, il faut avant tout examiner ce que l'on nomme idées modernes. Puis, les ayant définies et cataloguées, il faut les mettre en face des principes de l'Église. On verra nettement alors en quoi il y a opposition et en quoi il y a harmonie. Ce que l'Église repousse dans l'idée moderne, c'est ce qui exagère cette idée, ou ce qui la fausse, ou ce qui la vicie d'une manière ou d'une autre. Ce que l'idée a de vrai, au contraire, ce qu'elle contient de bon, de juste, de fécond, l'Église l'accueille, ou plutôt l'Église, bien avant cette éclosion moderne, avait déjà en elle le germe vivant de tout cela.

Bossuet a fait un petit livre qui a dissipé beaucoup de préjugés : c'est l'*Exposition de la foi catholique.* Il y avait en vue les protestants, et contre leurs négations, contre leurs interprétations, contre leur façon d'entendre les dogmes catholiques, il rétablissait simplement, fortement ces dogmes. Que de fois j'ai souhaité que de notre temps une nouvelle *Exposition de la foi catholique* fût faite, aussi substantielle, aussi décisive, dirigée, non plus contre le protestantisme, mais contre le naturalisme moderne que Leibniz a appelé la dernière des hérésies! Ou plutôt ne disons pas : *dirigée contre,* car je ne voudrais pas de controverse à proprement parler dans cet ouvrage, mais disons : faite en vue des préjugés contemporains et des erreurs contemporaines, et destinée à dégager les dogmes des uns, à montrer comment ils nous sauvent des autres.

Je voudrais ensuite que l'on fît le recueil des idées dites modernes, s'appliquant, ce qui n'est pas facile, à en déterminer avec précision le sens et la portée. Je voudrais que ceci aussi fût une exposition pure et simple. Ces deux livres très brefs rendraient des services immenses. Malebranche a dit quelque part : « Rien n'est plus sûr que la lumière. » En faisant ainsi la lumière sur les exigences de l'Église et sur celles de la pensée dite moderne, que de méprises l'on s'épargnerait et que de déclamations deviendraient inutiles !

Mais, enfin, n'y a-t-il pas dans l'esprit moderne quelque chose que l'Église contrarie? Sans doute, et c'est précisément ce qui, dans l'esprit moderne, est la négation de l'Église même. Ce serait trop de naïveté de vouloir que l'Église fît bon accueil à ce qui contredit son principe. Prétendre que toute intervention de Dieu dans le monde, et particulièrement toute révélation divine, est chose impossible, contraire à la science, contraire à la raison, si c'est là le fond de l'esprit moderne, c'est là aussi une prétention que l'Église repousse radicalement, et cela se conçoit puisque c'est la négation de l'Église même. Dire que nous recourons à l'Église, que nous allons à elle, mais que nous lui demandons de nous laisser cette prétendue conquête de l'esprit moderne, à savoir l'absolue indépendance à l'égard du surnaturel, c'est tout simplement vouloir soutenir ensemble deux propositions contradictoires.

Voilà donc un point (et c'est un point central) où, quoi que l'on fasse, il n'y a pas de conciliation possible entre l'esprit de l'Église et l'esprit dit moderne ; et si nous venons demander à l'Église le remède à nos maux, il est clair qu'elle exigera de nous la renonciation à toute pensée issue de cet esprit dit moderne, au sens que nous venons de définir.

Mais cet esprit n'est pas précisément l'esprit moderne. D'abord, il n'est pas nouveau ; c'est le vieil esprit de révolte aussi ancien que l'Église même, et il n'y a de nouveau, dans le temps présent, que les formes que cet esprit revêt. C'est le fond de l'antichristianisme, et l'antichristianisme ne date ni d'aujourd'hui, ni de 1789, ni de la renaissance païenne du quinzième siècle. Il a ses racines dans l'homme même : il est la révolte même de l'homme contre Dieu.

C'est dire qu'il n'est l'expression ni de la science vraiment science, ni de la raison fidèle à ses principes et à ses lois.

Qu'est-ce donc qu'il y a de caractéristique dans l'esprit moderne? Tâchons de nous en rendre compte.

Voici un fait qui nous aidera dans cette recherche. Le fait est incontestable : c'est qu'aujourd'hui, par suite de circonstances nombreuses et diverses, les choses de la pensée, de la conscience, de l'âme, de Dieu, sont soustraites au bras séculier. Mettre un homme à mort, ou à la torture, ou simplement en prison, pour ses croyances, pour ses convictions, cela n'est plus possible. Ce n'est plus dans la loi, ce n'est plus dans les mœurs, ce n'est plus dans les idées. Il n'y a personne qui souhaite sérieusement que l'ancien ordre de choses revienne. Personne ne le souhaite pour soi, cela va sans dire; personne non plus ne pense que ce soit à désirer pour l'honneur et l'intérêt de la vérité même. Tel est le fait : je le crois très significatif. Il y a là une nouveauté, en un sens que j'expliquerai plus loin.

Examinons maintenant les choses de près, en

réfléchissant de notre mieux. Ce que nous venons de signaler veut-il dire qu'un homme n'est en rien responsable de sa pensée; que l'on doit laisser les hommes dire et écrire tout ce qu'ils veulent; enfin, que les vérités morales et religieuses n'ont aucune influence sociale, qu'elles doivent être enfermées dans le for intérieur, et que de souhaiter qu'elles rayonnent dans la société, qu'elles y règnent, qu'elles redeviennent les inspiratrices des lois et des institutions, c'est méconnaître la vraie nature et de ces vérités et de la société? Nullement, car ce sont là autant d'erreurs.

L'homme est responsable de ce qu'il pense : il en est responsable moralement. L'erreur volontaire est une faute. De plus, l'organisation la plus libérale ne permet pas de laisser tout dire et tout écrire : une société où existerait cette liberté absolument illimitée, en assurant à toute production de la pensée une impunité absolue, se condamnerait à ne se défendre, à ne se protéger, à ne se garantir contre rien, dans l'ordre de la pensée; les faibles y seraient la proie de tous les malfaiteurs intellectuels, et cette société ne saurait subsister. Mais s'il y a des limites, si peu qu'il y en ait, c'est que toute production de la pensée n'est pas, de l'aveu même des plus libéraux, soustraite par son essence même à toute action prohibitive de la société, et que celle-ci a le droit de défendre les membres qui la composent et de se défendre elle-même contre les excès et contre les écarts de la pensée.

Il y a plus. Si nous y regardons de plus près, nous voyons que ce n'est point la liberté qui est sacrée par elle-même, c'est la vérité. Les esprits sont faits pour la vérité, et afin de lui rendre un hommage digne d'elle, ils sont libres. Mais cette liberté n'est point absolument inviolable. Si elle s'égare, il peut se faire qu'une certaine violence lui soit faite justement. Il en est ainsi dans tout l'ordre moral : la liberté, étant la condition de la moralité, est chose excellente, chose précieuse, et il faut la respecter; mais si elle ne respecte pas ce pour quoi elle est faite, à savoir : la vérité et la loi morale, alors elle n'a plus droit elle-même à être respectée, et il est juste qu'elle soit entravée, car elle mérite d'être punie et il faut qu'elle soit empêchée de nuire. Très délicates sont les applications, puisqu'il faut craindre, en réprimant la liberté dévoyée, de briser le ressort de la moralité et de n'avoir plus qu'une discipline et un ordre légal, pour ainsi dire, d'où l'âme est absente; mais le principe est certain et ne doit pas être oublié, et ce principe, c'est le droit de la vérité au respect, droit primitif, droit souverain.

Il sort de là encore que c'est à la vérité de régner. Et ce serait s'en faire une pauvre idée que d'imaginer que bonne pour le for intérieur, elle fût nuisible ou simplement indifférente dans la société. Ou bien la croirait-on impuissante en dehors de l'individu? Ce serait lui faire injure. Étant la vérité, elle rayonne, et ce rayonnement est bienfaisant. Étant la vérité, elle règne, et il lui appartient de régner. Elle conforme à elle-même l'individu : elle y doit conformer toute chose, la société, l'État, les lois, les institutions. Qui ne voit pas cela ne sait pas quelle est la force de la vérité ni quel est son droit.

Je reviens maintenant au fait que j'ai signalé, et je l'énonce de nouveau : aujourd'hui les choses de la pensée, de la conscience, de l'âme, de Dieu, sont soustraites au bras séculier.

J'énonce immédiatement un autre fait : c'est que l'État, tel qu'il est maintenant, ne saurait avoir une doctrine. C'est trop clair. A lui de protéger la sécurité publique, à lui de garantir la liberté en réprimant la licence. Mais il n'a pas qualité pour juger de la valeur propre des idées. Il n'y entend rien. Il est absolument incompétent.

Et ici, il importe d'insister. Car cette incompétence de l'État est souvent méconnue par les plus ardents partisans de l'esprit moderne. Ils admettent, pour des doctrines qu'ils déclarent modernes aussi, le bénéfice du patronage de l'État, et c'est à nous de nous défendre contre ce danger, en invoquant précisément le fait moderne de l'incompétence de l'État.

Il faut empêcher l'État de se faire le propagateur du positivisme, par exemple, du naturalisme, de l'irréligion. Il faut, par un mouvement d'opinion incessant et croissant, s'opposer à ce péril. Si l'on n'y prend garde, on verra, au lieu d'un spiritualisme d'État, un positivisme et un naturalisme d'État ; et, au lieu d'une religion d'État, une irréligion d'État. On peut, à certains indices, deviner ce que cette intolérance d'un nouveau genre, devenue triomphante, ferait de la raison, de la conscience, et à quoi ce fanatisme réduirait les esprits et les âmes. Ce n'est pas aux membres du Parlement tout seuls qu'il appartient de prévenir un tel danger : cela regarde tout le monde, et tout le monde y peut quelque chose. Plus nous serons convaincus que l'initiative de chacun est requise, que l'effort de chacun est nécessaire, mieux cela vaudra. Dans nos conditions modernes d'existence, chacun a beaucoup à faire, sous toutes les formes, pour défendre ce qui lui est précieux et cher. Par là, notre temps ressemble plus au moyen âge qu'au dix-septième siècle : très différentes sont les formes de l'activité d'aujourd'hui comparées à celles du moyen âge, très différentes les préoccupations qui nous agitent, d'autres intérêts sont en jeu, d'autres passions fermentent, et tout le train de la vie paraît profondément dissemblable. Mais il y a au moins un trait commun et considérable, et c'est celui-ci : pour faire le bien, il faut compter beaucoup sur l'initiative personnelle et sur l'association.

Il y a donc à défendre contre l'ingérence de l'État le domaine des vérités morales. Il y a à l'empêcher de favoriser les doctrines que nous jugeons malsaines et funestes. S'il venait à se faire le patron de celles que nous jugeons saines et bienfaisantes, devrions-nous nous réjouir?

Si c'était le signe que la société fût redevenue conforme aux principes de la raison, de la justice, de la religion, comment ne pas s'en réjouir? Le gouvernement ne ferait que conformer lui-même sa conduite aux mœurs publiques, à l'esprit public. Il ne décréterait point la vérité ni le bien, mais les trouvant dominant dans la société, il emploierait ses ressources à les garantir contre les influences contraires, à les étendre, à les développer. Quoi de plus légitime et de plus souhaitable? L'idéal n'est pas que la vérité et le bien soient bannis de la société, des lois de l'État; ce n'est même pas seulement que rien ne se fasse contre eux. Si tout se fait sans eux, si socialement ils sont comme s'ils ne l'étaient pas, comment ne serait-ce pas contraire au véritable ordre des choses, et comment ne serait-ce pas regrettable pour la société?

Mais que, dans l'état de choses actuel, les mœurs étant ce qu'elles sont et l'esprit public ce qu'il est, on suppose un gouvernement qui, brusquement, se mette à favoriser les doctrines saines : il ne saura que leur faire tort. Elles vont prendre, grâce à leur alliance avec lui, un caractère officiel. Elles apparaîtront comme des doctrines de commande, on les dira imposées ou insinuées : la peur ou l'ambition sembleront déterminer l'adhésion de leurs partisans, et tout cela en arrêtera la vitalité, en ruinera le crédit. Tels que nous sommes maintenant, à quelque parti que nous appartenions, quelles que soient nos convictions, nous avons horreur de tout ce qui est proprement officiel. Les intérêts ou les appétits trouvent toujours leur compte à tenir le pouvoir ou à le flatter, cela va sans dire ; les dignités même infimes, qu'une distinction bien visible manifeste aux yeux de tous, ont toujours du prestige ; d'un autre côté, les gens affolés appellent toujours un sauveur. Cela est de tous les temps. Mais une vérité officielle, une bonne doctrine patentée, ce qui est affaire d'âme devenu affaire de convention ou de convenance ou de commande, cela de plus en plus nous répugne, cela nous révolte, cela risquerait de nous dégoûter de la vérité même et du bien, si la vérité et le bien recherchaient ce patronage.

Ainsi, dans les conditions d'existence où nous sommes actuellement, travaillant à la régénération et à la pacification intellectuelle et morale, nous ne pouvons, en aucune façon, mettre notre confiance dans l'État.

Pénétrons maintenant un peu plus avant. Nous nous faisons des rapports de la personne humaine avec la vérité une idée où il y a, à certains égards, quelque nouveauté. Il convient de bien voir en quoi et comment, si l'on veut se rendre compte de ce qu'il y a de caractéristique dans l'esprit moderne.

Depuis que le christianisme est dans le monde, on sait que ce qui importe moralement, c'est moins la conformité extérieure à la loi morale que la soumission et l'adhésion intérieures. Il faut vouloir que la vérité soit, que la justice soit. Sans cela les actes les meilleurs ne valent rien. Dès lors la personne morale a un prix incomparable, une dignité qui la met hors de pair. Bien avant que Leibniz eût dit qu'un esprit vaut tout un monde, la conscience chrétienne attestait en fait, par la pratique, et non pas seulement en théorie, qu'un esprit, c'est-à-dire un être ayant qualité morale, vaut non pas tout un monde, mais plus qu'un monde : car il est fait à l'image et ressemblance de Dieu, et Jésus-Christ l'a racheté de son sang. C'est donc bien le christianisme qui a mis dans une lumière éclatante et la dignité de la personne morale et la nature des relations de cette personne morale avec la vérité. Mais quand le christianisme eut façonné une société nouvelle, les devoirs des membres de cette société purent faire perdre un peu de vue, dans l'opinion commune et dans la pratique usuelle, le caractère personnel de l'adhésion au vrai et au bien. Les événements qui ont bouleversé l'état de choses existant dans la chrétienté, ont ramené l'attention sur ces conditions intérieures de la vie intellectuelle et morale. Ai-je besoin de dire que le christianisme intérieur n'a jamais disparu ? C'est trop évident. Je veux dire seulement qu'en considérant socialement les rapports des hommes avec la vérité, on était entraîné à ne pas tenir du vouloir personnel de chacun le compte qu'il eût fallu, et l'on ne savait plus assez ni ce qu'il fallait tolérer pour ne pas entraver la liberté nécessaire au bien, ni ce que chacun avait d'effort à faire ou pour entretenir et développer en soi les vérités reçues, ou pour les garantir et les défendre contre les attaques du dehors.

On le voit, ce que nous regardons en ce moment comme un heureux effet des changements survenus dans l'état des choses et des esprits, ce n'est pas une doctrine du « laisser passer » et du « laisser faire » que ce nouvel état de choses favoriserait. Tout au contraire. Nous ne trouvons pas bon que devant l'erreur et devant le mal on s'accoutume à ne rien dire, à ne rien faire ; qu'on subisse tout avec une molle patience ; qu'on devienne incapable de blâmer, de condamner, de flétrir. Cette indifférence qui désarme les esprits et les âmes les livre en proie à tout. Ce n'est pas cela que nous prônons. Ce n'est pas cela non plus qui nous paraît le résultat naturel des changements survenus. Que ces déviations se produisent, cela n'a rien d'étonnant : les passions ou la faiblesse ne pervertissent-elles pas tout ? Mais ce sont des déviations, des perversions. Le fruit naturel du nouvel état de choses, c'est que dans l'ordre de la vérité le « tout fait » perde de plus en plus de son prix. Sans doute la vérité considérée en soi est toute faite : serait-elle donc la vérité si nous avions à la faire ? Seulement c'est à nous de la faire nôtre ; et voilà l'initiative personnelle requise pour adhérer à la vérité ou pour la défendre.

D'un autre côté, on peut craindre, avec le nouvel état de choses, une sorte d'émiettement ou d'éparpillement des esprits. Mais, si la part plus grande faite à l'initiative personnelle peut avoir cet effet, c'est encore par une déviation : car, normalement, l'initiative personnelle porte avec elle de quoi maintenir les esprits unis. Quand chacun fait avec intensité un effort propre et vraiment personnel, chacun aussi est porté à chercher dans l'effort de son voisin le complément du sien. Là où un centre omnipotent dispense les individus de pourvoir à leurs propres besoins, chacun s'isole en soi : l'unité de l'ensemble dissimule une réelle dispersion. Là, au contraire, où chacun travaille, peine, combat pour soi, mais aussi pour un intérêt qui, en définitive, est un intérêt commun, ces efforts personnels se groupent en faisceau, et l'association née de la liberté remédie à l'apparente dispersion dont la liberté semblait la cause.

C'est donc une vitalité toute nouvelle, dans l'ordre intellectuel et moral, qu'appellent, que suscitent, que favorisent les conditions d'existence que les événements nous ont faites. Et nous pouvons l'espérer, grâce à l'effort que chacun est tenu de faire, les mœurs publiques se modifieront, l'esprit public se transformera. Trop souvent aujourd'hui l'action des vérités morales et religieuses semble réduite à l'individu tout seul. Mais la vérité qui est bonne à tout et partout, reprendra son empire. Quand elle aura refait les esprits et les âmes, elle refera aussi la société. Nous l'avons dit, elle doit conformer à elle-même toute chose. C'est son droit. Et elle est le lien des sociétés. Il faut donc que, maîtresse des esprits et des âmes, elle régisse le corps social, et elle le régira en effet. Ce que nous attendons du nouvel état de choses, c'est une nouvelle prise de possession des esprits et des âmes par la vérité, donc aussi une nouvelle pénétration de la société par la vérité. L'importance donnée à l'initiative personnelle ne chasse pas la vérité du corps social. Elle l'y ramènera. Quelle sera la forme d'une société rechristianisée où les lois seront de nouveau inspirées par l'esprit chrétien, où l'État même sera, à sa manière, redevenu chrétien? Je ne sais. Comment oser le déterminer alors même qu'on pense en entrevoir quelque chose? Mais ce que je sais, c'est que les choses de la pensée, de la conscience, de l'âme, de Dieu y seront l'objet d'un respect profond, que rien n'y introduira une marque officielle au sens fâcheux du mot, que rien n'y sentira la convention ni la commande, et qu'en régnant effectivement dans le corps social, en s'armant au besoin contre ses ennemis, pour se défendre elle et ses adhérents, la vérité trouvera le moyen de garder intact son caractère spirituel.

J'espère avoir montré qu'en nous adressant à l'Église pour lui demander la guérison et la paix, nous n'avons pas de sacrifice à faire, j'entends que nous n'avons rien à abandonner de ce qui nous est légitimement cher. Nous n'avons pas à redouter le retour du passé : ce que nous nommons, sans bien savoir ce que nous disons et en brouillant les dates, l'*ancien régime*, ne reviendra pas. Ce qui est mort est mort. C'est au présent et à l'avenir qu'il faut regarder, et ainsi fait l'Église.

Or, pour ce qui est du présent, si dans le fait, caractéristique que nous venons d'étudier, il y a des façons d'entendre les choses incomplètes ou même fausses, faisant tort aux principes, l'Église nous en avertit ; et par suite elle défend, elle aime dans le passé ce qui était conforme à ces éternels principes ou ce qui en était près. Si dans le présent il y a des nécessités de fait à subir, elle les subit en protestant ; s'il y a des convenances de fait à accepter, elle est la première à s'y plier de bonne grâce. Dans le fond, ce qu'elle répudie, c'est l'indifférence en matière de principes, c'est l'abandon du droit de la vérité à régner dans les individus et dans les sociétés. Le bras séculier, elle y voit, dans une société toute chrétienne, le moyen légitime d'assurer le règne de la vérité et de protéger les fidèles contre les entreprises attentatoires de révoltés : elle n'y voit, elle n'y a jamais vu un moyen de convertir. Elle n'a jamais recouru à la force pour faire pénétrer la vérité chez les infidèles, ni pour convaincre les Juifs. Bien compris, dégagé de tout ce qui peut l'obscurcir ou le fausser, le fait caractéristique d'aujourd'hui est conforme dans le fond à l'esprit de l'Église. C'est là qu'il a, sans le savoir, sa première origine. Et partant l'Église n'a rien à en craindre : elle ne s'en trouve pas mal dans le présent, elle souffre de ce qui y est contraire. Et elle s'en trouvera mieux encore dans l'avenir. L'avenir, voilà ce qu'elle envisage avec confiance. Le présent, elle veut le corriger, le soulager, le guérir. L'avenir, elle en prépare la conquête. Elle y fera revivre tout ce que le passé avait de meilleur, elle y fera éclater tout ce que le présent contient en germe de bon et de puissant, et, si nous la laissons faire, elle nous donnera plus de lumière et de paix que le monde n'en a encore connu.

X

Je voudrais maintenant reprendre d'une manière plus profonde, et tout en philosophe, cette question de la personne humaine dont nous venons d'examiner les rapports avec la vérité.

Je me propose d'étudier ici ce que je suis tenté de nommer une des idées inspiratrices de ce siècle. J'emprunte ceci au P. Gratry[1]. On peut dire avec ce penseur que, dans un siècle donné, il y a des idées maîtresses, inspiratrices ; que tout ce qui s'opère de bon, se ramène, d'une certaine manière, à ces idées ; que ce qui se fait de mauvais est perversion de ces idées. Or il me semble que dans notre siècle, plus que jamais, la personne morale a été considérée. Je n'ai

1. Gratry, *Mois de Marie*, XIIe méditation.

pas la sottise de dire que nous l'avons découverte. On disait d'elle auparavant de très belles choses, et en particulier les saints et les mystiques chrétiens en parlaient pertinemment, excellemment. Néanmoins elle n'était pas l'objet d'une attention aussi générale ; on n'en prononçait pas le nom d'une manière aussi courante, et la philosophie ne l'étudiait pas d'une manière aussi spéciale. Depuis cent ans environ la théorie de la personnalité a pris une importance très remarquable. Souvent cette idée a été pervertie : elle a subi des exagérations qui l'ont faussée. D'autre part, il n'y a peut-être pas de temps où l'étude de la personnalité humaine ait mis plus en relief ce qui semble la démentir, la compromettre, la détruire. On a considéré avec raison les conditions physiologiques de notre être moral. La vieille philosophie et les maîtres de la vie spirituelle en tenaient grand compte, on y est revenu au nom et avec les procédés de la science ; mais on y a insisté au point de paraître y réduire tout notre être. On a curieusement noté les *maladies* de la personnalité, on a énuméré ce qui la trouble ou la gêne, la défait ou l'annule, et toute cette pathologie en a brouillé l'idée.

Il s'est trouvé des philosophes pour dire, avec les apparences d'une rigueur toute *scientifique*, qu'elle n'est qu'une illusion. N'importe, ce siècle l'a, plus qu'un autre peut-être, envisagée. Il a cherché en quoi elle consiste, quelle en est l'essence, ce qui la fonde, à quoi elle oblige, ou, pour mieux dire, à quoi elle est obligée. Si le déterminisme semble faire chaque jour de nouvelles conquêtes, c'est pourtant ce même siècle qui a insisté sur la liberté morale avec une vigueur à certains égards inconnue jusqu'ici. Et l'on a porté dans les régions qui y semblaient fermées « la philosophie de la liberté ». On a montré que l'adhésion même à la vérité évidente a quelque chose de volontaire. On a étudié avec complaisance le caractère jusque-là peu remarqué de la certitude propre aux vérités morales, et la théorie même de la connaissance a fait une place à l'action personnelle de celui qui voit et qui croit.

Dans un autre ordre, le sentiment de la valeur propre de chaque individu humain produit des effets non moins dignes d'être notés. L'attention publique est saisie plus fortement par les misères, par les souffrances des petits, des humbles, comme l'on aime à dire. On voudrait que la justice sociale fût plus parfaite et l'on attribue à la pitié un rôle social. La charité n'est pas nouvelle : est-il besoin de le rappeler? Ce qui est nouveau, c'est la préoccupation d'un devoir *social* regardant quiconque possède une parcelle de fortune, d'influence, d'autorité, d'intelligence, de savoir[1]. Les grands chrétiens, les saints proprement dits surtout, ont vu cela bien avant nous, et l'ont pratiqué. Que l'on jette les yeux sur la renaissance catholique

1. C'est le lieu de citer des noms qui rappellent des discours, des écrits, et, ce qui vaut mieux encore, des efforts, des entreprises, des *œuvres :* le comte Albert de Mun, M. Léon Harmel, M. Léon Lefébure, M. Georges Picot. Ces derniers appartiennent à cette *Société d'économie sociale* et à ces *Unions de la paix sociale* qui travaillent à la *réforme sociale* d'après les idées de Le Play. Citons encore l'article, si remarquable et si remarqué, de la *Revue des Deux-Mondes* du 15 mars 1891 sur le *Rôle social de l'officier*, article qui a été le point de départ d'une *œuvre* où s'en réalisent les idées. — A propos de ces mots « le devoir social », disons que dès 1874 M. Lefébure avait publié une étude sous ce titre : nous n'avons pas besoin de dire que c'est le titre de son récent ouvrage (1890). Disons aussi que M. Georges Picot publiait, en 1885, *Un devoir social et les logements d'ouvriers*, et en 1890, *Socialisme et devoir social.* Les dernières lignes de ce mémoire (lu à l'Académie des sciences morales et politiques le 20 septembre, et dans la réunion trimestrielle de l'Institut, le 1er octobre) en résument bien l'esprit; l'auteur y montre « en face du socialisme... l'action spontanée de l'individu, comprenant son temps..., s'associant pour centupler ses forces, et n'hésitant pas, — quels que soient ses travaux, la nature de ses études, ses préférences ou ses goûts, — à sacrifier une part de son repos et de sa vie pour accomplir « le devoir social ».

au seizième et au dix-septième siècle en France, en Italie, partout : on y verra des inventions de toutes sortes dont on ne se doute pas. Notre saint Vincent de Paul a fait des merveilles qui sont plus connues, sans l'être assez. Mais n'est-il pas vrai de dire que notre siècle est, à certains égards, l'héritier de son esprit ? Et ne faut-il pas remarquer que ce qu'on nomme dans l'Église « les œuvres de miséricorde », est célébré et pratiqué aujourd'hui sous les formes les plus diverses ? Il y a de plus cette nouveauté, que la littérature, autrefois indifférente à ces choses qui semblaient triviales, se complaît maintenant à y toucher. Bossuet parlant, dans l'*Oraison funèbre de la princesse Palatine*, de ces pauvres vieilles femmes que servait la princesse et de leurs grabats qu'elle faisait de ses mains, Bossuet avait besoin pour parler ainsi d'une audace de foi et de charité qui lui fît mépriser les railleries, et ce discours inusité choqua la délicatesse des courtisans. Aujourd'hui ces détails nous attirent, j'allais dire nous charment. Nous ne sommes pas meilleurs, mais le devoir *social* nous apparaît plus clair, plus pressant. Et partout où il y a un être humain, une personne humaine qui souffre, nous allons, nous courons, au moins en imagination, et nous souhaitons un secours effectif, un soulagement, une consolation, un relèvement.

Malebranche, dans un des chapitres de son *Traité de morale*, parle un instant des misères sociales. S'en remettre à la sagesse des rois pour réformer les abus criants, se borner à tenter de timides remontrances, supporter ses propres maux et les maux d'autrui en patience, en attendant la revanche de l'autre vie : voilà le résumé de ce chapitre [1]. Le dernier point est encore de mise : quoi qu'on en puisse dire, la vie future est ce qui console et relève le mieux ; et la portée sociale de cette grande vérité morale et religieuse ne saurait être trop rappelée. Mais les autres considérations de Malebranche ne nous suffisent plus. Nous voulons une vertu plus militante. Nous pensons que la personne humaine vaut bien la peine que l'on fasse quelques efforts pour la délivrer des maux présents. Ce qui était œuvre pie est devenu œuvre sociale. Quelque chose de la vertu bienfaisante du

1. *Traité de morale*, II, ch. IX.

R.F.

christianisme a pénétré là même où le christianisme n'est pas l'objet qu'on a en vue; et les chrétiens, à leur tour, dans la pratique de la charité, mêlent expressément au motif surnaturel qui les inspire ces préoccupations que je nomme sociales. C'est là un trait caractéristique de ce temps, et il me semble que cette façon de voir et d'agir est liée à l'importance croissante de l'idée de la personne morale : on voit de plus en plus ce que vaut la personne morale, donc il y a beaucoup à faire pour elle, donc aussi l'on doit faire beaucoup soi-même, si l'on veut être fidèle à sa haute vocation : l'action, née de l'effort personnel, l'action généreuse, vaillante, dévouée, apparaît de plus en plus comme un devoir.

Qu'il y ait des illusions, et des méprises, et des perversions à redouter en tout cela, qui s'en étonnerait? On prend pour de l'action, des aspirations ; on cherche dans la pitié une forme nouvelle et exquise de sensation, on eût dit autrefois un amusement, un divertissement. Voilà pour les délicats, pour les raffinés, pour les blasés, pour ceux qui voient souffrir. D'autres ont, dans leurs âpres revendications au nom de la justice, des violences sauvages : voilà pour les grossiers, pour ceux qui souffrent, ou pour ceux qui exploitent les colères des souffrants. Quoi qu'il en soit, l'idée qu'il y a quelque chose à faire se généralise ; et les formes modernes qu'elle revêt ne sont pas pour déconcerter ou effaroucher les chrétiens.

Saint Thomas semble nous donner dans sa philosophie la formule de tout ce mouvement. Dieu, dit-il, a voulu que les créatures fissent vraiment quelque chose, et chaque créature raisonnable est, à sa façon, providence par rapport aux êtres inférieurs et aux autres créatures raisonnables elles-mêmes. Et ce n'est pas là défaillance de la puissance divine, c'est abondance et surabondance de la divine bonté. Dieu a voulu communiquer même à des créatures l'honneur d'être des causes [1].

Chaque individu humain est un agent doué d'efficace, une cause, cause seconde sans doute, qui ne peut rien que par la Cause première, mais enfin cause très réelle, agissante et opérante, vraiment efficiente, cause libre, qui n'est pas déter-

1. *Summa theologica*, I, q. XXII, a. 3.

minée en tout par sa nature ou par les circonstances, mais qui se détermine elle-même, qui se porte elle-même à ses propres actes, principe en un sens de son action propre, cause de bien pour les autres êtres, capable de les modifier, d'y susciter quelque chose de nouveau, de leur faire du bien[1]. Et ainsi chaque individu humain a un prix propre et une dignité propre, et c'est à l'initiative personnelle, fécondée par la libre association, qu'il faut s'adresser si l'on veut remédier aux maux dont souffre le monde, et y faire régner de plus en plus la vérité, la justice, Dieu.

J'aime à trouver dans le grand docteur du moyen âge la formule de l'idée dominante de notre siècle. En philosophie, et dans l'ordre social, et en tout, c'est à nous de réaliser et de justifier ce qu'il a si bien dit : à savoir que nous avons l'honneur d'être des causes, et, comme avait déjà dit saint Paul, que nous sommes les coopérateurs de Dieu, *Dei adjutores*, *θεοῦ συνεργοί*[2].

Ainsi l'idée *moderne* par excellence n'est pas

1. *Summa theologica*, I, q. CIV, a. 5. Cf. *Summa contra gentes*, l. III, surtout cap. LXIX, LXXIII, LXXVIII et LXXIX.
2. I *Corinth.*, III, 3. « Dei enim sumus adjutores. »

neuve, grâce à Dieu, ce qui serait mauvais signe. Il y a une façon neuve de la considérer, de la manifester, de l'appliquer, de l'étendre, de la développer, et c'est là la tâche propre et comme la mission de ce siècle.

L'Église n'en a pas peur. Ne l'a-t-elle pas suscitée elle-même ? Et n'en a-t-elle pas, nous venons de le voir, donné par la parole d'un de ses saints, moine et docteur, la plus vive formule, en la rattachant aux principes fondamentaux ? L'Église n'en a pas peur. Elle surveille les démarches par lesquelles cette idée s'avance dans le monde : elle en prévient les écarts, elle en redresse les déviations, elle en condamne les corruptions. Elle la protège contre ses propres excès. Mais, encore une fois, elle n'en a pas peur. Ce n'est pas assez dire, car ce serait faire croire qu'elle la tolère seulement. Le vrai, c'est qu'elle l'aime, c'est qu'elle la veut. De même que dans ses décisions dogmatiques l'Église a condamné en termes exprès toute négation du libre arbitre humain même au profit de la grâce divine, parce qu'en effet le triomphe de la grâce divine c'est d'agir sur une volonté libre ; de même, dans sa conduite à l'égard des individus et des peuples, l'Église a, malgré certaines apparences, traité les hommes et les choses avec cette persuasion que les êtres moraux sont de vrais êtres ayant une action, pouvant et faisant quelque chose. Elle suit l'exemple de Dieu même, dont il est dit dans l'Écriture qu'il dispose de nous avec grande révérence : *cum magna reverentia disponis nos* [1]. Chargée de maintenir les règles éternelles, elle a toujours su encourager et bénir les nouveautés. Chacun de ses grands saints a causé dans le monde de l'étonnement, de la surprise. Chaque grand ordre religieux a été l'apparition d'une forme nouvelle de vie chrétienne. Des Papes mêmes ont été inspirés, soutenus, j'allais dire dirigés par des particuliers, et une sainte Catherine de Sienne a ramené dans Rome, presque malgré lui, le Souverain Pontife siégeant dans Avignon. La nouveauté est toujours renaissante dans la vieille Église, et, quoique les dogmes y soient immuables, l'esprit y renouvelle toutes choses, apportant aux dogmes mêmes qui se développent un surcroît de précision ou un surcroît de

1. *Livre de la Sagesse*, XII, 18.

lumière. L'initiative particulière est sans cesse agissante dans cette Église si fortement disciplinée ; et, quoiqu'un chef unique y gouverne tout, les membres même les plus humbles y ont une part d'action. Elle brise toute révolte, mais elle accueille toute innovation suffisamment éprouvée; elle se défie du jugement particulier, du sentiment particulier, mais elle sait que l'Esprit de Dieu a des dons divers, elle en accepte les formes multiples, *gratia Dei multiformis*[1], et elle reconnaît que, si les dons de Dieu sont variés, variées aussi sont les âmes humaines, les personnes humaines, les causes secondes que Dieu associe à son gouvernement.

Il y a des époques où c'est le chef de l'Église même qui prend l'initiative des nouveautés. D'ordinaire il est le juge et le modérateur, plutôt que le moteur. En certains temps, il imprime lui-même à tout le corps un mouvement. Il a des hardiesses qui déconcertent. Il dérange les habitudes vieillies, il brise, s'il le faut, les cadres usés, il

1. Ire *Épître de saint Pierre*, IV, 10. Cf. *Épître de saint Paul aux Éphésiens*, III, 10 : « Ut innotescat... multiformis sapientia Dei. »

débarrasse l'Église de certains appuis devenus entraves, il renonce à des alliances compromettantes, il en cherche d'inusitées, il emploie des procédés inaccoutumés, étranges presque. Notre siècle, notamment dans les dix dernières années, nous a donné ce spectacle.

Qui connaît bien l'Église n'est ni scandalisé ni même étonné. Toujours elle a dégagé de toute fâcheuse compromission les immortelles vérités dont elle est la gardienne. Saint Augustin, expliquant les premiers chapitres de la Genèse, ne maintient-il pas très nettement la liberté pour les fidèles d'entendre par les *jours* dont parle le texte sacré des périodes illimitées[1] ? Et n'est-ce pas dans saint Augustin et, après lui, dans saint Thomas que l'on trouve, posées de la main la plus sûre, ces limites du révélé et du non-révélé[2] que les apologistes contemporains semblent avoir inventées quand ils montrent aux savants étonnés

1. « Qui dies cujusmodi sint, aut perdifficile nobis aut etiam impossibile est cogitare, quanto magis dicere. » *De Civitate Dei*, XI, VI. Cf. *De Genesi ad litteram*, IV, I et sq.

2. Saint Augustin, *De Genesi ad litteram*, I, XIX, XX, XXI, et *Confessiones*, XII, XVIII XXXII. Cf. saint Thomas d'Aquin, *Summa theologica*, I, q. I, a. 9 et q. LXVIII, a. 1.

que la Bible n'a rien à craindre comme elle n'a rien à attendre des découvertes des sciences? Ainsi en tout ordre de choses : l'Église n'invente pas des nouveautés pour parer à des difficultés nouvelles; mais, ce qui vaut bien mieux, elle a en elle de quoi suffire et pourvoir à tout. Elle puise dans son propre sein, à une source toujours jaillissante, les nouveautés nécessaires. Ce ne sont pas des expédients, ce sont des manifestations neuves, et d'ailleurs déjà entrevues, de ses éternels principes. Elle n'est jamais réduite à la lettre qui tue, elle a toujours l'esprit qui vivifie.

C'est pour cela qu'à l'heure qu'il est nous n'avons rien à redouter d'elle pour les idées et les choses modernes auxquelles nous tenons. Elle-même nous rassure puisqu'elle n'a pas peur de se moderniser. Je veux dire qu'elle prend dans ces choses modernes ce qu'il y a de meilleur : elle se l'approprie, elle y reconnaît ce qui est sien, pour mieux dire. Elle corrige ce qui s'y mêle de vicieux, elle tempère ce qui y est excès ; elle bénit ce qui est bon. Quant à l'indifférent, elle s'en accommode : c'est chose accidentelle, pourquoi en ferait-elle une affaire de fond? Soyez sûrs d'ailleurs que, même en ce qui est de mode ou de circonstance, et qui est destiné à passer, elle découvre, en bien ou en mal, un certain fond qui ne passe pas, un principe, une idée ou salutaire ou dangereuse, qui se fait jour par là, et dont il importe d'accueillir ou de repousser les premières manifestations.

XI

Comprenons-nous maintenant que, si nous demandons franchement, résolument au christianisme, à l'Église de nous communiquer la vertu régénératrice et pacifiante dont le christianisme et l'Église ont le secret, nous n'avons à sacrifier rien de légitime ?

Nous n'avons pas non plus de conditions à faire. Il faut prendre le christianisme tel qu'il est, l'Église telle qu'elle est, ou ne plus compter sur un secours efficace. Nous l'avons déjà dit, on peut bien trouver dans la vérité incomplète une lumière et une force, sans aucun doute, mais c'est à cause qu'elle est vérité, non à cause qu'elle est incomplète. La savoir incomplète, et, de propos délibéré, s'y tenir, c'est lui ôter toute vertu. Et pourquoi ? Tout simplement parce qu'alors il n'y a plus seulement ignorance ou aveuglement, que la bonne foi peut excuser, il y a l'équivalent d'une négation, d'une suppression de tout le surplus de vérité dont l'on ne veut pas, se résignant à ne pas l'avoir, ou agissant comme s'il n'était pas. Donc, il n'y a pas moyen de se dire : l'Église a la vertu régénératrice et pacifiante que nous cherchons ; mais, dans ce que l'Église impose ou propose, nous choisirons, prenant ceci, laissant cela. Non, l'Église est ou n'est pas. Si vous la prenez pour autre chose que ce qu'elle dit être et ce qu'elle se donne pour être, vous avez affaire à une institution humaine quelconque ou à un système humain quelconque. Vous avez voulu lui faire vos conditions : elle ne peut plus rien pour vous. Vous recevrez d'elle indirectement quelque rayon bienfaisant, mais vous ne ressentirez pas la vertu qui sort d'elle : elle ne vous guérira pas.

Faut-il redire de nouveau qu'il ne s'agit pas de décourager les bonnes volontés encore hésitantes, de compter pour rien les vues ou les efforts des hommes « de sens et de droiture[1] » qui,

1. Expressions du Pape Léon XIII dans sa lettre aux cardinaux français.

séparés de l'Église par des préjugés de naissance ou d'éducation, protestants de toutes sortes, israélites ou catholiques de nom seulement, ne sauraient nous suivre jusqu'au bout dans la voie où nous marchons? Nous nous adressons à eux comme aux autres. Nous leur demandons de réfléchir, nous recueillons le produit des réflexions qu'ils ont déjà faites. Nous attachons un grand prix à ce qu'ils pensent, à ce qu'ils disent, à ce qu'ils font. Mais nous leur disons, comme nous disons aux autres, comme nous nous disons à nous-mêmes : Voir que la vertu régénératrice et pacifiante dont nous avons besoin est dans l'Église, et vouloir faire ses conditions à l'Église, c'est une inconséquence, et c'est vouloir que le remède déclaré nécessaire n'opère pas.

Ne parlons pas non plus à l'Église de se réconcilier avec nos idées modernes. Cela n'a pas de sens : c'est assez visible par tout ce qui précède. L'Église n'est fâchée contre rien de ce qui est bon. Elle n'a pas à signer de pacte de réconciliation. Il peut y avoir des malentendus à dissiper. Sur certains points elle a pu avoir à apprendre une langue qui ne lui était pas familière, elle a pu avoir à s'y faire. Surtout c'est nous qui avons à apprendre sa langue, à nous y faire. Nous sommes le plus souvent bien plus éloignés d'elle qu'elle de nous. Elle se reconnaît vite dans nos plus nouvelles façons de penser et de parler. Nous méconnaissons longtemps ses plus authentiques formules ; et même quand elle exprime avec sa précision souveraine et son incomparable sérénité, non pas des vérités proprement chrétiennes, mais les principes de la raison et de la conscience, nous avons peine à la bien entendre, nous croyons à tort qu'elle en veut à ce qui nous est cher, quand elle n'en veut qu'à nos erreurs qui corrompent ce qui nous est cher.

C'est donc bien clair : si nous voulons mettre un terme à l'anarchie intellectuelle et morale dont nous souffrons, redevenons chrétiens, et refaisons des intelligences chrétiennes, des âmes chrétiennes. Travaillons à refaire cela en nous adressant à l'initiative personnelle, et aussi à l'association libre. Suscitons, entretenons un large « mouvement d'opinion ». Nous autres dont c'est le métier de penser, de parler, d'écrire, propageons cette vue que nous avons, cette conviction où nous sommes, que le salut est là. Je dirais volontiers : l'Église recommence. A certains égards, nous sommes revenus aux premiers temps de l'Église. Le christianisme a fait la chrétienté. Mais voilà que la chrétienté se dissout : il faut que l'Église refasse une autre chrétienté. Il faut qu'elle recommence sans se répéter. Si le passé, comme tel, nous l'avons vu, ne recommence pas, le principe immortel, l'esprit vivant qui a fait le passé refera l'avenir. Et n'attendons rien, dans cette œuvre, que de nous-mêmes. Je veux dire : n'attendons rien de l'État, rien d'un dictateur quelconque, dans aucun ordre, ni en politique, ni en philosophie. Ne souhaitons pas qu'il paraisse un homme à qui nous puissions dire : Sauvez-nous, car nous périssons. Ce n'est pas un homme qui sauvera la pensée, la morale, la société : c'est Dieu, se servant de l'action de chacun, de l'effort de chacun, et de l'action et de l'effort de tous librement associés.

L'impuissance d'un dictateur quelconque à sauver quoi que ce soit est de plus en plus manifeste. Je l'ai indiquée déjà, je crois bon d'y insister encore. En philosophie, il n'y a plus de chefs d'école. En politique, il n'y a plus de noms vers lesquels les regards se tournent, comme vers des noms prédestinés. On dirait que plus que jamais Dieu veut montrer qu'il n'y a qu'un seul Père et Seigneur, celui qui est aux cieux, un seul maître, le Christ; et tandis que les violents font contre Dieu et le Christ les derniers efforts, se démenant contre tout ce qui est divin et chrétien, dans les hautes régions de la pensée un mouvement de retour se dessine vers Dieu et le Christ, et aucun homme comme tel n'apparaît capable de rallier les esprits et les âmes à une doctrine puissante et bienfaisante, comme dans l'ordre social proprement dit, aucun homme n'apparaît capable de procurer par son autorité la paix publique.

Mais, puisqu'il est bien clair qu'il s'agit de nous sauver nous-mêmes en recourant sans arrière-pensée au christianisme et à l'Église, il est clair aussi que nous avons, pour ne parler que de l'ordre de la pensée, une préparation humaine à accomplir. Le christianisme ne nous transformera point par une opération magique, et le miracle n'est pas la voie ordinaire de la Providence.

C'est ici que se montre le rôle propre de la philosophie dans l'œuvre de régénération et de pacification intellectuelle et morale.

Je voudrais dire quelque chose de ce rôle.

XII

Si la pensée redevient chrétienne, une philosophie nouvelle naîtra, qui sera l'expression et le fruit de l'intelligence régénérée et pacifiée. Que sera-t-elle? Je ne sais. Elle conciliera sans doute l'action humaine avec l'action divine, le mouvement incessant des choses et de la pensée même avec l'immutabilité des principes et de la vérité. Elle recueillera les plus précieux résultats des sciences et les idées maîtresses qui en dirigent la marche, et par là elle enrichira, elle rajeunira la métaphysique sans rien perdre des possessions acquises. Elle saura montrer le rôle de l'évolution en toutes choses, mais la nécessité aussi d'un germe donné, sans quoi il n'y aurait rien à développer, et d'un principe donnant, si je puis dire, sans quoi rien ne serait, pas même le moindre germe. Dans ce travail de conciliation lumineuse et franche, elle s'aidera, je le crois, de la philosophie de saint Thomas qui est si riche et si suggestive, et qui a été, en son temps, une entreprise analogue de conciliation ; mais elle ne tentera pas de la ressusciter purement et simplement. Rien de ce qui a été ne recommence, pas plus dans l'ordre intellectuel qu'ailleurs. Mais ce qui a vécu d'une vie forte conserve des germes impérissables de vie que le contact avec une pensée vivante fait éclore. Quoi qu'il en soit, j'imagine que comme, au treizième siècle, saint Thomas a fait une chose nouvelle et très féconde, comme aussi Descartes, au dix-septième siècle, et après lui Leibniz en ont fait une autre, puissante, quoique incomplète (surtout celle de Descartes), le vingtième siècle verra se faire une philosophie compréhensive, ample, harmonieuse, appropriée à ses besoins, philosophie très nouvelle où toute l'ancienne revivra ; philosophie nette, qui saura dire à beaucoup d'idées à la mode : Non, décidément, je ne veux pas de vous, je vous rejette ; mais philosophie très ouverte, familière avec toutes les formes du kantisme et du positivisme, qui saura démêler jusque dans l'erreur une âme de vérité, et de la lettre dégager l'esprit, et dans les aspirations confuses apercevoir l'idée féconde; philosophie unifiante enfin, qui sera vraiment une synthèse des sciences, des arts, de toutes idées et de toutes choses, une vue sur l'univers dans une lumière venue de Dieu, et par suite un principe d'union entre les esprits, sans les enchaîner, sans les entraver, sans rien leur ôter de leur initiative propre et de leur originale énergie.

Voilà la philosophie que je rêve, que je souhaite, que j'espère, et dont j'entrevois quelques indices, ou quelques ébauches. Gratry, par exemple, l'a pressentie et en a commencé quelques parties avec la sincérité, la profondeur et l'éclat que l'on sait. Caro, de son côté, l'a préparée en défendant le vieux spiritualisme avec une si vive et si pénétrante intelligence des dangers et des besoins présents. Mais j'estime qu'elle est bien loin encore d'être faite. D'ailleurs je ne pense pas qu'elle soit jamais complète ni définitive : pas plus que ses devancières, elle n'aura le privilège ou le malheur de terminer tout. Seulement, si elle se fait, et j'ai la ferme conviction qu'elle se fera, ce sera une époque de paix relative pour l'esprit humain et de grande prospérité intellectuelle : on recueillera dans une sorte d'allégresse ce que douloureusement nous semons.

Nous qui semons, qu'avons-nous à faire au juste? Voilà qui est important au premier chef. Il est bon de songer de loin à ce qu'on attend : cela encourage, cela excite; mais il faut bien voir ce qui est à faire en attendant : sans cette vue précise, l'effort se perd.

N'ayant pas à entrer ici dans les détails, je veux dire seulement que tout homme qui philosophe doit avoir en vue deux choses vraiment essentielles : étudier à fond tout ce qu'il étudie, et chercher les points communs entre les esprits.

Ceci semble assez peu de chose. Je crois que nettement compris et pratiqué courageusement, c'est beaucoup.

Songez-y donc. Étudier à fond tout ce qu'on étudie, cela va loin, cela mène loin. Les assertions hasardeuses et les constructions téméraires sont prises pour ce qu'elles sont. Comme anticipations, comme stimulants, elles peuvent avoir leur utilité. Mais on ne leur permet pas de remplacer la notion précise, qui, dans sa modeste enceinte, a été portée jusqu'au bout d'elle-même. Voilà donc l'examen auquel le penseur est tenu : en toute chose étudier à fond ; de toute idée considérer le tout, autant que possible, et chercher à voir clair, à toucher le fond, à saisir les liens avec le reste, mais en commençant toujours par mettre en relief le plus solide et le plus sûr. Ainsi se raffermiront dans les esprits ces notions élémentaires dont nous disions au début de cet opuscule qu'elles chancellent et s'évanouissent. Ainsi les esprits redeviendront capables de considérer les idées simples dans toute la certitude de leurs principes et d'en suivre les conséquences avec rigueur.

Avec de telles habitudes intellectuelles, avec une telle méthode de penser, il est manifeste que l'on cherche plutôt ce qui rapproche les esprits que ce qui les sépare. En effet, on met en réserve et comme au-dessus des disputes ce qui a cette solidité dont nous venons de parler. Les subtilités sont écartées, ou prises pour ce qu'elles sont. On n'en fait pas dépendre le sort des vérités essentielles. On perd le goût des audaces vaines, des tours de force, des jeux dialectiques. On sait que rien de fécond ne se fait en philosophie sans un labeur d'approfondissement où les énergies propres de chacun produisent inévitablement des singularités de pensée, si je puis ainsi dire ; mais on reconnaît aussi qu'il y a des principes qui s'imposent à tous, des évidences ou des certitudes communes à tous, des points d'où tous partent et où tous reviennent.

C'est là ce que tout penseur, au milieu de l'anarchie intellectuelle la plus complète, peut et doit faire. Ainsi ce n'est pas en entravant les recherches, en retenant la pensée, en supprimant l'étude approfondie, la réflexion tenace, l'investigation scrutatrice, que l'on fera de la philosophie l'auxiliaire de l'œuvre régénératrice et pacificatrice des intelligences : c'est en faisant tout le contraire. Ce n'est pas en découronnant la philosophie ou en lui ôtant son essor : c'est en faisant tout le contraire. Plus la philosophie sera sérieuse, plus on philosophera avec la résolution d'étudier à fond tout objet d'étude, plus sûrement aussi l'on préparera la régénération et la pacification des esprits.

Cette résolution d'étudier à fond toute chose et de trouver par cela même ce qui rapproche plutôt que ce qui divise, c'est à ceux qui voient dans le christianisme le remède vraiment efficace, de la prendre et de la tenir avec une énergie toute particulière. A vrai dire, leur devoir est plus précis, leur tâche aussi est plus facile; mais ils ont un écueil qui leur est propre : c'est de confondre la religion avec la philosophie, c'est de *dogmatiser* au sens propre du mot au lieu de *philosopher*. A eux donc de veiller sur eux-mêmes sérieusement et, voyant l'écueil, de l'éviter.

J'ai fini cette esquisse. Si j'avais convaincu et persuadé quelques esprits de la nécessité de refaire les intelligences et les âmes en cherchant dans le christianisme la vertu régénératrice et pacifiante dont nous avons besoin, je serais heureux d'avoir écrit ces pages. C'est un grand « mouvement d'opinion », je l'ai dit et redit, je le répète une fois encore en finissant, c'est un grand mouvement d'opinion qu'il s'agit de déterminer ; mais si chacun attend que le voisin agisse, rien ne se fera. A chacun d'agir, quelle que soit sa faiblesse, quelque petite que paraisse sa sphère d'influence. A chacun de parler dès qu'il a quelque chose à dire ; à chacun de faire ce qu'il peut faire. Les pages que j'achève ici sont nées du sentiment de ce « devoir ».

La prophétie rapportée par Tacite et Suétone, que des hommes partis de Judée s'empareraient du monde, *rerum potirentur*, s'est réalisée il y a bien des siècles. Les disciples du Christ ont soumis à sa parole les esprits, les âmes, les nations ; et la chose romaine, *res romana*, a été remplacée par la chrétienté. Puis le monde a paru se lasser du Christ, et il a semblé que le Christ se retirât ou qu'il fût vaincu. Mais voici que l'antique prophétie se renouvelle : les successeurs des hommes partis de la Judée vont reconquérir le monde. Romanciers et publicistes, lettrés, penseurs, ont sur les lèvres le vieil oracle, et ils le redisent avec le désir, avec l'espérance de le voir se réaliser bientôt. Une rumeur court : la pensée moderne retourne au Christ, et le Christ va reprendre l'empire. Plusieurs travaillent à hâter le moment, et l'on se dit que le jour où sera consommée cette restauration, l'intelligence troublée recouvrera la lumière et la paix.

TABLE DES MATIÈRES

SAINT-CLOUD. — IMPRIMERIE BELIN FRÈRES.

www.ingramcontent.com/pod-product-compliance
Ingram Content Group UK Ltd.
Pitfield, Milton Keynes, MK11 3LW, UK
UKHW031913260826
14628UKWH00003B/1160